Desert

Anonymus

UNRAST

Übersetzt und Herausgegeben
von Nils Mosq & BM-Crew

1. Auflage, September 2016
ISBN 978-3-89771-599-8

Postfach 8020, 48043 Münster
Telefon (0251) 66 62 93
www.unrast-verlag.de

Mitglied in der Assoziation Linker Verlage (aLiVe)

Satz und Umschlag
Björn Renkewitz, gegenfeuer.net

Druck
Multiprint, Kostinbrod

Bibliographische Information
Der Deutschen Bibliothek

Die Deutsche Bibliothek verzeichnet diese Publikation in der Deutschen Nationalbibliographie; detaillierte bibliographische Daten sind im Internet über http://dnb.ddb.de abrufbar.

Vorwärts!

Tief in unseren Herzen wissen wir alle, dass die Welt nicht ›gerettet‹ werden wird

Aktive Desillusionierung ist befreiend

Etwas verfolgt viele Aktivist*innen, Anarchist*innen, Umweltschützer*innen, viele meiner Freund*innen. Es verfolgte auch mich. In unseren Subkulturen erzählen wir uns oft, dass es nicht da ist, dass wir es nicht sehen, nicht hören können. Unsere Wünsche für diese Welt verbieten es uns, es zu sehen. Trotz bester Bemühungen – kontinuierlichem Aktivismus, dem Aufbau von Bewegungen, einem angemessenem Leben als Ausdruck der eigenen Ethik – trotz alledem, nimmt das Gespenst für viele von uns Formen an. Das blasse Bild wird immer deutlicher, immer unvermeidbarer – bis einem das Gespenst ins Gesicht starrt. Genau wie bei vielen Ungeheuern aus den alten Märchen genügt ein Blickkontakt und mensch versteinert. Unfähig, sich zu bewegen. Von der Hoffnung verlassen, desillusioniert und inaktiv. Dieses Unwohlsein, das Versteinern, macht nicht nur die aktivistische Arbeit schleppend, ich konnte auch beobachten, wie es jede Facette des Lebens vieler meiner Freund*innen betraf.

Das Gespenst, dem viele nicht ins Auge blicken wollen, ist eine simple Erkenntnis: Die Welt wird nicht ›gerettet‹ werden. Die anarchistische Weltrevolution wird nicht stattfinden. Der Klimawandel ist inzwischen nicht mehr zu stoppen. Wir werden nicht das weltweite Ende der Zivilisation / des Kapitalismus / des Patriarchats / der Autorität erleben. Das wird in nächster Zeit einfach nicht kommen. Es ist unwahrscheinlich, dass es überhaupt irgendwann kommt. Die Erde wird nicht ›gerettet‹ werden. Nicht durch Aktivist*innen, nicht durch Massenbewegungen, nicht durch Wohltätigkeit und auch nicht durch ein aufständisches, globales Proletariat. Die Erde wird nicht ›gerettet‹ werden. Diese Erkenntnis verletzt die Leute. Sie wollen sie nicht wahrhaben! Es ist aber wahrscheinlich so.

Diese Erkenntnisse, dieses Aufgeben der Illusionen sollte nicht zur Handlungsunfähigkeit führen. Wenn mensch jedoch glaubt, es ginge um alles oder nichts, dann werden sie zu einem Problem. Viele Freund*innen sind aus der ›Bewegung‹ ›ausgestiegen‹, während andere noch immer in den alten Handlungsmustern feststecken – dies allerdings mit einer Traurigkeit und einem Zynismus, die ein Gefühl von Nutzlosigkeit vermitteln. Ein paar schweben über den Szenen und kritisieren alles – leben und kämpfen allerdings wenig.

» Es ist nicht die Verzweiflung – mit der Verzweiflung kann ich umgehen. Es ist die Hoffnung, mit der ich nicht umgehen kann«[1]

Die Hoffnung auf das große Happy End verletzt Leute – sie bereitet den Weg für den Schmerz, den sie spüren, wenn sie desillusioniert werden. Mal ehrlich, wer von uns glaubt wirklich daran? Wie viele sind an dem Aufwand, den fundamental religiösen Glauben an eine positive Transformation dieser Welt mit der uns umgebenden Lebensrealität in Einklang zu bringen, zerbrochen? Desillusioniert zu sein – in Bezug auf die Weltrevolution / auf unsere Möglichkeit, den Klimawandel zu stoppen – sollte jedoch nicht dazu führen, dass wir unsere anarchistische Überzeugung ändern oder unsere Liebe zur Natur aufgeben. Es gibt immer noch viele Möglichkeiten für wilde Freiheit.

Wie sehen einige dieser Möglichkeiten aus und wie können wir sie leben? Was könnte es bedeuten, Anarchist*in oder Umweltaktivist*in zu sein, wenn Weltrevolution und soziale / ökologische Zukunftsfähigkeit nicht das Ziel sind? Welche Ziele, Pläne, welche Lebensformen, was für Abenteuer ergeben sich, wenn die Illusionen beiseite gelegt werden und wir der Welt begegnen, ohne von der Desillusionierung handlungsunfähig geworden zu sein, sondern dank ihr unbeschwert sind?

Keine (globale) Zukunft

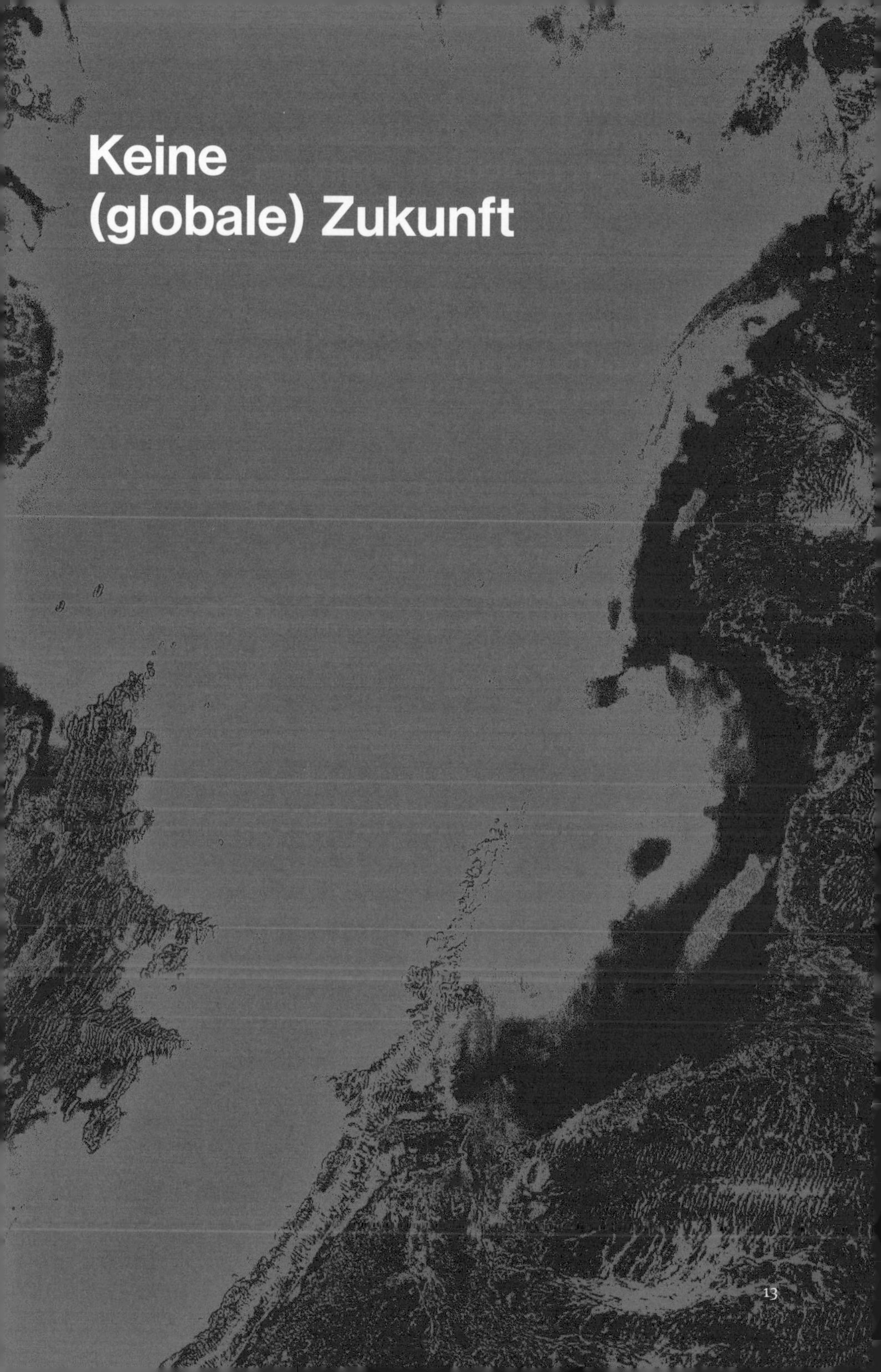

Religiöse Mythen: Fortschritt, globaler Kapitalismus, Weltrevolution, globaler Untergang

Ich liebe uns, es gibt so vieles, was wir sein und machen können, es gibt jedoch Grenzen

Von Globalisierungskritik zum Klimawandel

Religiöse Mythen: Fortschritt, globaler Kapitalismus, Weltrevolution, globaler Untergang

Die Idee des Fortschritts war elementarer Bestandteil der modernen westlichen Weltanschauung, und die Annahme, dass die gesamte Welt sich immer weiter zu einer besseren Zukunft entwickeln würde, war dominant. Die Idee, dass eine globale libertäre Zukunft unvermeidbar oder möglich wäre, basiert auf diesem Glauben.

In mancherlei Hinsicht war / ist der Anarchismus das libertäre Extrem der (europäischen) Aufklärung – gegen Gott *und* den Staat. In manchen Ländern, wie Spanien zu Beginn des 20. Jahrhunderts, *war* er die Aufklärung – sein militanter, pro-wissenschaftlicher Anti-Klerikalismus hatte genau so viel Anziehungskraft wie sein Antikapitalismus. Dennoch kann der Müll nicht so einfach auf der Müllhalde der Geschichte entsorgt werden, und ›progressive‹ revolutionäre Bewegungen stellten oftmals in ihrem Kern, in ihrer Form und in ihren Zielen nur eine Weiterführung der Religion mit anderen Mitteln dar. Der Glaube an das Erreichen von universellem Frieden und universeller Schönheit durch apokalyptische Tumulte voller Blut und Feuer (Revolution / Millennium / der Zusammenbruch) deutet darauf hin, dass der Anarchismus als aufklärerische Ideologie stark von seinen euro-christlichen Ursprüngen belastet ist. John Gray schrieb über den Marxismus, dass er »... eine radikale Version des Glaubens der Aufklärung an den Fortschritt ist – dieser ist schon an sich eine Abwandlung der christlichen Hoffnungen, nach denen die Geschichte als moralisches Elend begriffen wird, das in der Erlösung enden soll«.[2] Einige Anarchist*innen hatten nie etwas für solch einen Blödsinn übrig, viele dagegen schon und manche immer noch.

Zur Zeit wird der Fortschritt an sich kritisch hinterfragt, sowohl von Anarchist*innen als auch quer durch die Gesellschaft. Ich habe bislang noch keine*n getroffen, der*die an die *Unvermeidbarkeit*[3] einer globalen anarchistischen Zukunft glaubt. Allerdings hat die Idee einer globalen Bewegung, die eine globale, gegenwärtige Gesamtheit bekämpft und eine globale Zukunft erschafft, viele Apostel. Einige von ihnen sind sogar Libertäre und setzen Hoffnung in die *Möglichkeit* einer anarchistischen Weltrevolution.

Der scheinbare Triumph des Kapitalismus, der auf den Fall der Berliner Mauer folgte, führte zu der eher utopischen[4] als realen Proklamation einer Neuen Weltordnung, einem globalen Kapitalismus. Als Reaktion auf die Globalisierung proklamierten viele eine Globalisierung von unten, die sich einzig durch das nahezu zeitgleiche öffentliche Auftreten der Zapatistas und des Internets durchsetze. Die darauf folgenden internationalen Aktionstage, oft zu Gipfeltreffen, standen im Mittelpunkt dieser angeblich globalen antikapitalistischen »Bewegung der Bewegungen«. Die Begeisterung auf den Straßen ermöglichte vielen, das Gespenst zu übersehen, indem sie in Richtung der ›globalen Bewegung‹ schauten. Es gab jedoch niemals eine globale Bewegung gegen den Kapitalismus, weder damals[5] noch je zuvor[6], genau wie der Kapitalismus selber noch nie wirklich global war. Es gibt sehr, sehr viele Orte, an denen kapitalistische Beziehungen nicht die dominierenden sind, und es gibt noch mehr Orte, wo schlicht keine anti-kapitalistischen (erst recht keine anarchistischen) Bewegungen existieren.

Innerhalb dieser fröhlichen Unwirklichkeit dieser Periode des ›globalen Widerstandes‹ konnten sich einige wirklich mitreißen lassen: »Wir haben kein Interesse daran, die Weltbank oder den IWF zu reformieren, wir wollen sie abschaffen und das mit einer internationalen anarchistischen Revolution«[7] Solche Statements sind in der angeschwipsten Überschwänglichkeit, die aufkommt, wenn mensch die Polizei gerade besiegt hat, verständlich, sie lassen sich allerdings häufiger finden. In der Selbstdarstellung einer anarchistischen Föderation findet sich Folgendes: »Da das kapitalistische System die ganze Welt beherrscht, muss seine Zerstörung vollständig und weltweit erfolgen.«[8]

Die Illusion einer einzigen kapitalistischen, weltweiten Gegenwart spiegelt sich wider in der Illusion einer einzigen anarchistischen, weltweiten Zukunft.

Ich liebe uns, es gibt so vieles, was wir sein und machen können, es gibt jedoch Grenzen

Die Anzahl der Anarchist*innen steigt. Gruppen und Gegen-Kulturen tauchen in Ländern auf, in denen es zuvor wenige oder gar keine Bewegungs-Anarchist*innen[9] gab. Dennoch würde eine ehrliche Beurteilung unserer Stärken und unserer Chancen deutlich zeigen, dass wir nicht die »neue Gesellschaft in der Schale der alten«[10], die eines Tages die Welt in einem Moment des Umbruches befreien wird, aufbauen. Auf der Erde gibt es zig Orte mit einer Menge Bevölkerungsgruppen; eine Realität, die im webeingewebten globalen (aktivistischen) Dorf sehr einfach vergessen werden kann.[11] Die Welt von kapitalistischen Beziehungen – oder darüber hinaus immer noch von der Zivilisation – befreien zu wollen, ist eine Sache. Dazu in der Lage zu sein, dies auch zu tun, ist etwas ganz anderes. Wir sind nicht überall – wir sind wenige.

Aktionen, Freundeskreise, soziale Zentren, Stadtguerilla-Zellen, Herausgeber von Zeitungen, Öko-Kriegerinnen, Hausprojekte, Student*innen, Zufluchtsorte, Brandstifter*innen, Eltern, Hausbesetzungen, Wissenschaftler *innen, Landwirte, Streikende, Lehrer, ländliche Kommunen, Musikerinnen, Stämme, Straßengangs, romantische Aufständische und so viele und so vieles mehr. Anarchist*innen können wundervoll sein. Wir können Schönheit erleben, eigene Macht aufbauen und massenhaft Möglichkeiten erschaffen. Dennoch können wir nicht die gesamte Welt neu aufbauen; es gibt nicht genug von uns und wir werden auch nie genug dafür sein.

Manche würden argumentieren, dass eine globale libertäre Revolution stattfinden kann, ohne von offenkundigen Anarchist*innen durchgeführt zu werden, so seien ›unsere‹ gegenwärtige Anzahl und ›unsere‹ Ressourcen vollkommen unwichtig. Es ist selbstverständlich, dass es in einer Gesellschaft, die auf Klassenkampf basiert, regelmäßig zu sozialen Krisen und Revolten kommt; an den ›revolutionären Impuls des Proletariats‹ zu glauben, ist allerdings eine ähnlich fundierte Theorie wie der Glaube daran, dass ›alles gut werden wird‹.

» Es gibt bedauerlicherweise wenig historische Belege dafür, dass die Arbeiter*innen-Klasse – ganz zu schweigen von irgendwem anders – an sich empfänglich für libertäre oder ökologische revolutionäre Ideen sei. Tausende Jahre der autoritären Sozialisation begünstigen die Mentalität des Polizeiknüppels ...«[12]

Weder wir noch irgendwer anders ist in der Lage eine libertäre und ökologische globale Zukunft durch das Ausbreiten sozialer Bewegungen aufzubauen. Darüber hinaus gibt es keinen Anlass zu glauben, dass trotz des Ausbleibens einer derart enormen Ausbreitung, eine globale soziale Transformation entsprechend unseren Wünschen, jemals stattfinden wird. Als Anarchist*innen sind wir nicht die Samen *der* zukünftigen Gesellschaft in der Schale der alten, sondern lediglich eines von vielen Elementen, aus denen sich die Zukunft bildet. Das ist okay; konfrontiert mit einer solchen Größe und Komplexität ist aufrechte Bescheidenheit wertvoll – selbst für Aufständische.

Die Hoffnung auf eine globale anarchistische Revolution aufzugeben, bedeutet nicht, auf Anarchie zu verzichten und lediglich im ewigen Protest zu verharren. Seaweed hat dies gut formuliert:

» Revolution ist nicht überall oder nirgendwo. Jede Bioregion kann durch eine Abfolge von Ereignissen und Strategien, die auf ihren jeweilig einzigartigen Bedingungen basieren, befreit werden; meist wenn der Griff der Zivilisation in der Gegend schwächer wird, entweder aus eigenem Antrieb oder durch die Bemühungen der Bewohner*innen ... Die Zivilisation hat nicht überall gleichzeitig Erfolg gehabt und genau so könnte ihre Abschaffung auch nur mit unterschiedlichen Abstufungen, an verschiedenen Orten zu unterschiedlichen Zeiten stattfinden.«[13]

Selbst wenn eine Gegend anscheinend vollkommen unter autoritärer Kontrolle steht, gibt es immer Orte, in denen gelebt, geliebt und von denen aus Widerstand geleistet werden kann. Wir können diese Orte vergrößern. Die globale Situation scheint über uns hinauszugehen, die lokale Situation allerdings nicht. Als Anarchist*innen sind wir weder komplett machtlos noch potenziell allmächtig (glücklicherweise).

Von Globalisierungskritik zum Klimawandel

Für viele von uns ging das globale Denken und der religiöse Optimismus mit dem Verschwinden der Dynamik[14] der Anfang des Jahrhunderts aufgekommenen Anti-Globalisierungs-Welle ebenfalls verloren. In den letzten Jahren gab es jedoch unsererseits Versuche, die ›globale Bewegung‹ wiederzubeleben – dieses mal rund um den Klimawandel.

Die Proteste gegen den Klimagipfel in Kopenhagen wurden von vielen als das nächstes Seattle[15] angekündigt und einige Gruppen behaupteten, sie würden »eine globale Bewegung zur Bewältigung der Klimakrise«[16] aufbauen. Greenpeace zum Beispiel schreibt: »Klimawandel ist ein globales öffentliches Problem. Um es zu lösen, braucht es globale, kollektive Aktionen... Uns bleibt keine Alternative, als eine globale Graswurzel-Bewegung aufzubauen, die Politiker*innen vorantreibt und Firmen und Banken zwingt, eine andere Richtung einzuschlagen.«[17] Ich setzte mal voraus, dass du als Leser*in dieses Textes die Naivität und den fehlenden Realismus solcher Lobby-Politik verstehst, es ist allerdings sinnvoll, einen Blick auf jene zu werfen, die am weniger institutionalisierten Ende der Klimawandel-Kampagnen stehen.

Unter ihnen kann mensch drei Haupttendenzen ausmachen und manchmal wechseln Beteiligte von einer zu anderen. Zunächst gibt es jene, die ähnliche Ansichten wie Greenpeace vertreten – das bedeutet, ›direkte Aktionen‹ zu nutzen, um Aufmerksamkeit zu gewinnen, und als Lobby-Strategie einzusetzen. Dann gibt es jene, die den Diskurs rund um den Klimawandel nutzen, um lokalen Kampagnen zu helfen. Es ist zwar unwahrscheinlich, dass dies einen Effekt auf den Klimawandel hat, aber meistens haben diese Kampagnen praktische und manchmal erreichbare Ziele, wie zum Beispiel das Aufhalten der Zerstörung eines Ökosystems, das Stoppen der Verschlechterung des Gemeinwohls[18] oder einfach den Ausbau von Selbstverwaltung.[19] Und als drittes gibt es jene nostalgischen Antikapitalist*innen, die sich den Kampf um Klimagerechtigkeit als Metamorphose der imaginären »Bewegung für eine andere Globalisierung«[20] ausmalen (bemerkenswert ist, dass sie immer weniger Anti-Globalisierungsbewegung genannt wird).

Ein*e anonyme*r Autor*in beschreibt die letzte Tendenz ganz gut:

» [Wenn Aktivist*innen] versuchen uns zu überzeugen, dass es die ›letzte Chance ist, die Welt zu retten‹ [...] dann geht es ihnen darum, soziale Bewegungen aufzubauen [...]. Es gibt einen wachsenden und verstörenden Trend, der in den letzten Jahren in radikalen Kreisen schwelt, der auf der Idee basiert, dass blinde Zuversicht zu spannenden und unerwarteten Erfolgen führen kann. In den Büchern von Michael Hardt und Toni Negri findet sich einiges an theoretischem Fundament für diese Idee und einige, die die Massen unter dem Banner der Prekarität vereinen wollen, die Migrant*innen organisieren wollen und die zu Gipfelprotesten mobilisieren, haben dies aufgegriffen. Für viele klassische Linke war das der erwünschte Hoffnungsschimmer, in einer Zeit in der ihre Ideologien stärker als je zuvor dem Untergang geweiht schienen. ... Theoretiker*innen, die eigentlich den Kapitalismus ausreichend kennen sollten, um es besser zu wissen, schreiben davon, dass ein globales Grundeinkommen oder globale Bewegungsfreiheit für alle, erreichbare Ziele seien. Vielleicht glauben sie sich selber nicht, aber sie wollen scheinbar andere inspirieren, daran zu glauben, und behaupten, dass aus den ›aufständischen Momenten‹, die aus solchen utopischen Träumen resultieren, eine wirkmächtige soziale Bewegung entsteht. Der Klimawandel [...] ist in der Tat ein gut geeignetes Versuchsgebiet für die Politik der fabrizierten Hoffnungen, während wir so entfremdet von unseren direkten alltäglichen Realitäten sind. Während die Politiker*innen der neue Bewegungen – Vermittler*innen, nicht Diktator*innen – zugucken, wie ihre Bewegungen wachsen, gibt es immer noch genügend Argumente dafür in der realen Welt zu leben.«[21]

Die neuen Stars außerhalb der Konferenzzentren ähneln zunehmend denen, die in den Konferenzzentren sitzen. Von außen und innen wird verkündet, dass wir eine globale Zukunft[22] gewinnen können, wenn wir uns nur organisieren würden. Die Wirklichkeit innerhalb der Ökosysteme und besonders das Gefühl der Menschen zeigt jedoch, dass es keine einheitliche globale Zukunft gibt und dass keine imaginäre Gemeinschaft, weder eine der Staaten noch die Multitude (oder beide zusammen wie in Cochabamba[23]), den Klimawandel aufhalten kann.

Angesichts unseres offensichtlichen Unvermögens, die gesamte Welt, so wie sie uns vielleicht gefallen würde, neu zu gestalten, ersetzen einige den Mythos der ›Weltrevolution‹ durch den Glauben an einen bevorstehenden ›Weltuntergang‹ – heutzutage meist als eine Mischung aus Klimawandel und Peak Oil. Wie wir später (in den nächsten Kapiteln und in den nächsten Jahren) sehen werden, wird die globale Erwärmung die Zivilisation in manchen Gegenden vor massive Herausforderungen stellen und in anderen wird sie die Zivilisation vielleicht überwinden. Trotzdem wird die globale Erwärmung auch wahrscheinlich in einigen Regionen die Möglichkeiten eröffnen, die Herrschaft der Zivilisation zu verbreiten. Einige Länder könnten sozial und klimatisch relativ gemäßigt bleiben. Was für die Zivilisation gilt, gilt auch für die Anarchie und Anarchist_innen – massiv herausgefordert werden und manchmal besiegt; Möglichkeiten für Freiheit und Wildheit ergeben sich und Möglichkeiten für Freiheit und Wildheit werden versperrt. Die Ungleichheiten der Gegenwart werden sich verstärken. Es gibt keine globale Zukunft.

Es ist später, als wir glauben

Der beobachtete Klimawandel tritt schneller ein, als erwartet

Tote Felder ernähren eine sich selbst übertreffende Bevölkerungszahl

Klimawandel sorgt sowohl für Möglichkeiten als auch für Unmöglichkeiten

Der beobachtete Klimawandel tritt schneller ein, als erwartet

Eine wiederkehrende Thematik im Umweltschutz ist die immer bevorstehende und dennoch ewig verschobene Apokalypse. Jede Generation hat anscheinend eine letzte Chance, den Planeten zu retten. Der Biologe Barry Comminer sagte bereits 1970: »Wir haben eine Gnadenfrist, wir haben noch die Zeit – vielleicht eine Generation – ,in welcher wir die Umwelt von den Resultaten der Gewalt, die wir ihr bereits angetan haben, schützen können.«[24] Ähnliche Behauptungen werden auch heutzutage noch vertreten, die Gnadenfrist ist aber vermutlich inzwischen abgelaufen. 1990 haben die Redakteur*innen von *The Ecologist* eine generelle Einschätzung des Zustandes der Erde in dem Text 5000 Days to Save the Planet herausgebracht.

» Gegenwärtig wird uns erzählt, dass unser Planet in der Krise ist, dass wir uns durch Verschmutzung und Zerstörung den Weg hin zu einer globalen Katastrophe bereiten... Wir haben vielleicht nur 15 Jahre, also nur fast 5.000 Tage, um den Planeten zu retten... Eine aus der Gaia-Theorie stammende Befürchtung ist, dass wir die Naturvorgänge soweit überlasten, dass sie nicht mehr in der Lage sein werden, eine Atmosphäre, die für höhere Lebensformen geeignet ist , aufrecht zu erhalten. Ab einem bestimmten Punkt könnte das System kippen und einen komplett neuen Status entstehen lassen, der extrem ungemütlich für das Leben, wie wir es kennen, wäre...einmal ausgelöst könnte dieser Wandel zu einem neuen Status äußerst schnell auftreten.«[25]

2005 lief der im Titel angedachte Countdown ab und der Verfasser der Gaia-Theorie, James Lovelock, schrieb *Gaias Rache,* in welcher er konstatierte, dass die Erde sich nun unwiderruflich zu einem heißeren Zustand bewegen würde. Lovelock zog seine Schlüsse vor allem aus wissenschaftlichen Beobachtungen des Klimawandels, die fast alle Vorhersagen, was passieren würde, übertrafen. In einer Rede vor der Royal Society stellte er fest:

» Die positive Rückkopplung auf die Erwärmung, die allein durch das Schmelzen des schwimmenden Eises in der Arktis und der Antarktis entsteht, verursacht eine Beschleunigung systemimmanenter Erwärmung, die entweder jetzt schon oder bald so groß sein wird, wie die von all dem CO_2, das wir bereits ausgestoßen haben. Dies legt nahe, dass die Umsetzung von Kyoto oder so etwas wie ein Super-Kyoto höchstwahrscheinlich keine Erfolgsaussichten hat...wir müssen verstehen, dass das System der Erde sich nun in positiver Rückkopplung befindet und sich unwiderruflich in einen stabilen heißeren Zustand vergangener Klimazeiten verwandelt.«[26]

Lovelocks öffentliche Befürwortung der Atomenergie[27], seine Zweifel an Windkraftanlagen als Allheilmittel und seine klaren Aussagen darüber, dass der Klimawandel nun wahrscheinlich unvermeidbar ist, haben ihn bei vielen Ökos unbeliebt gemacht. Er vertritt definitiv Ansätze im Widerspruch zur allgemeinen Norm. Es ist daher recht ungewöhnlich, dass er dennoch einen solch guten Ruf in ökologischen und wissenschaftlichen Fragen hat. Als Universalgelehrter arbeitet er in seinen 90ern in vielen Bereichen. Bemerkenswerterweise erfand er den Elektroneneinfangdetektor, der die Entdeckung des Ozonloches und die Entstehung von Rachel Carsons *Silent Spring*[28] möglich machte. Seine zunächst ketzerische Gaia-These von einer sich selbst regulierenden, lebenden Erde ist heute weitgehend unter dem Namen Erdsystemwissenschaft anerkannt. Er argumentierte oft für die Ausbreitung der ›Wildness‹ und sympathisierte mit Aktionen zur Verteidigung der Erde. Als passionierter Wanderer führte er in den 1930ern sogar eine eigene Kampagne mit Sprengstoffanschlägen rund um das Recht auf freies Umherschweifen in der Natur (»Right to Roam«) durch. Böse Zungen bewundern oft seine Pionierarbeit, sprechen aber gleichzeitig (auf eine irgendwie ageistische Weise) davon, dass er inzwischen etwas bekloppt geworden sei. Das wahre Problem liegt allerdings darin, dass er eine professionelle Karriere durchgezogen hat, ohne der Ideologie oder Lohntüte von irgendwem anderes verpflichtet gewesen zu sein. Dadurch kann er in der Öffentlichkeit sagen, was viele in wissenschaftlichen und ökologischen Institutionen denken, aber sich nicht trauen, so direkt öffentlich auszusprechen. Lovelock glaubt, dass eine Reihe von Faktoren dazu geführt hat, dass der menschliche Einfluss auf die Erde konsequent unterschätzt wird. Einige dieser Faktoren sind:

- die Geschwindigkeit und Komplexität des Wandels, denen die Forschungen und Veröffentlichungen nicht hinterherkommen.
- die absichtliche Ignoranz der Tatsache, dass die lebende Erde ein dynamisches, selbst-regulierendes System ist.
- ein Mangel an vernetztem Denken durch akademische Bereichsbildung.
- Druck von Regierungen auf die Schreibenden des UN–Klimareports[29]
- die möglicherweise in Betracht zu ziehende Verschleppung der gegenwärtigen Erwärmung durch globale Verdunkelung.[30]

Eine gesamte Darstellung der Gedanken von Lovelock, oder gar der weiter gefassten Klimaforschung, würde den Rahmen dieses Textes sprengen. Zum Teil wäre das Problem auch, dass die Wissenschaft zu dem Zeitpunkt, an dem du dies lesen wirst, bereits wieder gravierend fortgeschritten sein wird. Wenn du dich dafür interessierst, wirf einen Blick in die von mir angeführten Quellen und bilde dich selber weiter. Wie auch immer sich die Details vielleicht unterscheiden, es scheint, als wäre ein Großteil der Wissenschaft überzeugt, dass wir wohl unaufhaltsam und schnell in eine wesentlich wärmere Zukunft steuern. Aktuelle Beobachtungen sehen uns näher am Ende, als einige von uns noch vor einigen Jahren glaubten. Jahrzehnte näher am Ende. Kombiniert mit der Trägheit, die Treibhausgasemissionen zu reduzieren, werden die Chancen, den Klimawandel zu ›stoppen‹, vermutlich immer geringer.

Während viele NGOs noch davon schwafeln, eine 2°C-Erwärmung zu stoppen, diskutieren immer mehr Klimaforscher*innen über eine Erwärmung von 4°C bis zum Ende des Jahrhunderts oder vielleicht sogar schon bis 2060[31]. Diese Sorge ist keinesfalls eine Randerscheinung. Der UN-Klimareport (IPCC-Report) von 2007 sagt eine Erwärmung zwischen 2 und 6,4°C in diesem Jahrhundert voraus. Bob Watson, der ehemalige Vorsitzende des Weltklimarates, warnte, dass »die Welt an Abmilderungs- und Anpassungsstrategien für eine 4°C-Erwärmung arbeiten sollte«[32]. Das ist schon schlimm genug, Lovelock geht allerdings noch weiter und bezieht sich auf einige Rückkopplungsmechanismen, die seiner Meinung nach bereits ausreichen, um uns in eine noch heißere Zukunft zu bringen.

Das Schmelzen des Meereseises, das oben erwähnt wurde, ist davon der bekannteste Mechanismus.

Wie könnte diese Zukunft aussehen? Einige Möglichkeiten:

- Heiße Wüsten verbreiten sich über große Teile des globalen Südens und Südeuropa und sogar bis in einige Teile Mitteleuropas.
- Kalte Wüsten vornehmlich im globalen Norden gehen zurück und eröffnen neues Land an den Grenzen in Sibirien, Skandinavien, Kanada, Grönland, Alaska und in einem gewissen Maße sogar in der Antarktis.
- Große Migrationsbewegungen von den ausgetrockneten Regionen in die noch bewohnbaren Gegenden.
- Massenhaft Tote verbunden mit einem rasanten Aussterben der anderen Spezies.

Lovelock sagt es ganz direkt:

» Die Menschen sind in einer schwierigen Lage und ich glaube nicht, dass sie klug genug sind, um das Bevorstehende zu bewältigen. Ich denke, sie werden als Spezies schon überleben, es wird allerdings eine große Selektion in diesem Jahrhundert geben... am Ende des Jahrhunderts wird es vermutlich nur noch eine Milliarde oder weniger von ihnen geben.«[33]

Selbstverständlich kann ich nicht sagen, ob dies die *Wirklichkeit* des gegenwärtigen und zukünftigen Klimawandels ist. Die wahre Komplexität des Erdsystems (und der menschlichen sozialen Dynamik als Teil davon) geht vermutlich über unser Begriffsvermögen hinaus (über meines definitiv), und Modelle sollten nicht mit der Realität verwechselt werden. Meine sachkundige Ahnung (und das ist alles, was mensch hat, wenn mensch sich an die bloßstellende Aufgabe macht, die Zukunft zu beschreiben) ist, dass das hier beschriebene Szenario eine vernünftig begründbare Annäherung darstellt. Du magst vielleicht anders denken, aber ich bitte darum, mir erst einmal zu folgen, da es eine zu erwägende Möglichkeit darstellt. Diese Ahnung ist genauso sachkundig geworden durch eine anarchistische Kritik des Kapitalismus wie durch die Lektüre klimawissenschaftlicher Texte. Wenn ich mich umschaue, dann ist heute ein heller Tag, die Blätter strahlen fast; allerdings gibt mir die Gesellschaft, in der ich lebe, kaum die Zuversicht, dass sie in der Lage wäre, ein so großes und komplexes Problem wie den Klimawandel zu lösen. Wenn mensch das bedenkt, dann – denke ich – ist die große Frage nicht, ob wir eine Welt ähnlich der hier beschriebenen erleben werden, sondern *wann*.

Lovelock ist ernsthaft der Ansicht, dass so eine Welt (oder um genauer zu sein, solche Welten) Ende diese Jahrhunderts entstehen werden und die Anzeichen dafür in der Mitte dieses Jahrhunderts offensichtlich werden. Es könnte auch länger dauern, aber so oder so ist es vielleicht vorteilhaft, solche Veränderungen zu berücksichtigen, wenn wir darüber nachdenken, was wir in unserem Leben erreichen wollen.

Wir sprechen hier nicht von einer Apokalypse, obwohl es sich für einige, die von den schrecklichsten oder rasantesten Momenten des Wandels erwischt werden, wohl so anfühlen wird. Vielmehr sprechen wir von einem massiv beschleunigten Wandel. James Hansen von der NASA schreibt:

» Wenn die Menschheit einen Planeten erhalten möchte, der demjenigen ähnelt, auf dem sich die Zivilisation entwickelt hat und an den das Leben auf der Erde angepasst ist, dann sprechen paläoklimatische Studien und der derzeitige Klimawandel dafür, dass die CO_2 Konzentration [von ihrem derzeitigen Level] auf maximal 350 ppm (Teilchen pro Million) verringert werden muss.«[34]

Die Chancen dafür stehen schlecht. Die ökologische Nische, in der sich die Zivilisation (klassen- geteilte, auf Landwirtschaft basierende Kultur der Städte) entwickelt hat, verabschiedet sich. Sie wird vermutlich viele ihrer Zivilisationsbürger*innen mitnehmen. Und es gibt wirkliche viele Bürger*innen.

Ein Fahrrad-Bomber

Eine der Dinge, für die Lovelock eine fast schon irrationale Leidenschaft entwickelte, war das »Right to Roam« – er hasste die Landbesitzer*innen, die Hindernisse auf öffentliche Wanderwege bauten. Für einen jungen Chemiker war die Lösung offensichtlich. Er baute seine eigenen Sprengstoffe, Sprengkapseln und ähnliches, und ab und zu setzte er sich mit diesen im Rucksack auf sein Rad und fuhr zu den Hindernissen, um sie in die Luft zu jagen. ›Sie haben sie nie neu gebaut‹, grinst er, ›es war wirklich sehr effektiv‹. Bei einer günstigen Gelegenheit jagte er ›ein paar Holzbauteile‹ eines hohen Zaunes entlang eines Wanderweges durch das Chevening Anwesen in die Luft – dieser Zaun wurde gebaut, um die Privatsphäre der Person zu schützen, die das Haus als Landresidenz nutzte, den damaligen Außenminister. Lovelock wurde nie erwischt.

Mary Gribbin & John Gribbin,
He Knew He Was Right: The Irrepressible Life of James Lovelock and Gaia
(London, Penguin Books, 2009), S. 36

Tote Felder ernähren eine sich selbst übertreffende Bevölkerungszahl

Ein wesentlicher Bestandteil der Ausbreitung des industriellen Kapitalismus war der gewaltige Anstieg der menschlichen Bevölkerung. Von uns sind nun 7 Milliarden hier – Anfang des 18. Jahrhunderts waren es 600 Millionen. Dieser Sprung fand innerhalb von 13 Generationen[35] statt und war zum Großteil kein Zufall. Silvia Federici hat deutlich aufgezeigt, dass ein Grundbaustein des frühen Kapitalismus die Zerstörung der vorher durch Frauen selbstbestimmten Reproduktion war: »Nun wurde ihre Gebärmutter ein öffentlicher Ort, von Männern und dem Staat kontrolliert, und die Zeugung wurde unmittelbar in den Dienst der kapitalistischen Akkumulation gestellt« (siehe Kasten). Obwohl es der Kapitalismus war, der diese jüngste Massenentwicklung erst erzwang und dann ermöglichte, sang und singt er währenddessen eine ältere Hymne der Zivilisation[36]. Dieses Mal allerdings mit maschineller Verstärkung.

Ich bin Mitte der 1970er geboren, damals gab es 4 Milliarden Menschen auf der Erde; wenn ich sterben werde (hoffentlich nicht vor 2050) werden es laut Schätzung der UN über 9 Milliarden Menschen sein[37]. Diese Schätzung geht jedoch davon aus, dass alles wie gehabt weitergeht. Ob sie eintreffen wird, hängt von drei voneinander abhängigen Faktoren ab: Geburtenkontrolle, steigende Lebenserwartung und Nahrungsmittelversorgung.

Trotz kontinuierlicher Erlasse von aufgeblasenen Patriarchen wie dem Papst, nutzen immer mehr Menschen Geburtenkontrolle, um die Familiengrößen zu begrenzen. Der Kampf um diese Form der Selbstbestimmung ist ein Schlüsselkampf und einer jener Kämpfe, die – unter anderen – von Anarchist*innen organisiert wurden.[38] Wie dem auch sei – die Verbreitung der *Geburtenkontrolle*, und der Kampf um Frauenbefreiung[39] im Allgemeinen, wird die wahrscheinliche Verdopplung der menschlichen Bevölkerung zu meiner Lebenszeit nicht aufhalten. Während kleinere Familien schon jetzt in großen Teilen der Welt zur globalen Norm geworden sind, rücken die Fähigkeiten der industriellen Medizin und Hygienemaßnahmen zur Steigerung der *Lebenserwartung* in den Mittelpunkt. Die menschliche Bevölkerung wird, zumindest in Vorhersagen, die von einem ›business-as-usual‹

Bis zur Mitte des 16. Jahrhunderts war die Vorstellung, die Zahl der Bürger*innen entscheide über den Wohlstand der Nation, zu einer Art gesellschaftlichem Axiom geworden. »Mir scheint«, schrieb der französische Staatstheoretiker und Dämonologe Jean Bodin, »man sollte sich nie davor fürchten, zu viele Untertanen oder zu viele Bürger zu haben, denn die Macht eines Gemeinwesens liegt in seinen Menschen« [...] Die Befürwortung des Bevölkerungswachstums erreichte ihren Höhepunkt im Merkantilismus [...] Eli Hekscher schreibt: »Zur Blütezeit des Merkantilismus, also im späten 17. Jahrhundert, war in allen Ländern ein geradezu fanatischer Wunsch nach Bevölkerungswachstum zu verzeichnen.« [...] Hinzu kam, dass sich ein neues Menschenbild durchsetzte: Menschen wurden schlichtweg als Rohstoffe wahrgenommen, die für den Staat arbeiteten und Kinder zeugten. [...] Die wichtigste Initiative, die der Staat ergriff, um die gewünschte Bevölkerungsgröße herzustellen, bestand jedoch in einem genuinen Krieg gegen die Frauen. Er zielte darauf ab, der Kontrolle, die Frauen über ihre Körper und die Reproduktion ausgeübt hatten, ein Ende zu setzen. [...] dieser Krieg [wurde] hauptsächlich durch Hexenverfolgung betrieben. Dabei wurden sämtliche Formen der Verhütung buchstäblich dämonisiert, während den Frauen zugleich vorgeworfen wurde, dem Teufel Kinderopfer zu bringen. Der Krieg gegen die Frauen beruhte auf der Neubestimmung reproduktiver Vergehen. Ab Mitte des 16. Jahrhunderts, als portugiesische

Schiffe mit ihren ersten menschlichen Frachten aus Afrika zurückkehrten, begannen sämtliche europäische Regierungen, Verhütung, Abtreibung und Kindestötung aufs Schärfste zu bestrafen. [...] Eine Folge war, dass Frauen in großer Zahl verfolgt zu werden begannen. Im Europa des 16. und 17. Jahrhunderts wurden mehr Frauen wegen Kindestötung hingerichtet als wegen irgendeines anderen Verbrechens, mit Ausnahme der Hexerei. Doch auch die Beschuldigung der Hexerei beinhaltete den Vorwurf, Kinder getötet oder sich auf sonst eine Weise über reproduktive Normen hinweg gesetzt zu haben. Es ist bezeichnend, dass die Bestimmungen, die die Strafmündigkeit der Frauen beschränkten, mit Bezug auf Kindestötung und Hexerei aufgehoben wurden. So betraten Frauen nun zum ersten Mal als vollgültige Rechtssubjekte und in ihrem eigenen Namen die Gerichtshöfe Europas, weil sie beschuldigt wurden, Kindestöterinnen und Hexen zu sein.

Silvia Federici,
Caliban und die Hexe: Frauen, der Körper und die ursprüngliche Akkumulation
(Wien: Mandelbaum Verlag, 2014), S. 107–109

ausgehen, bis mindestens 2050 weiterhin ansteigen, wenn die aktuelle Bevölkerung ihre zu erwartende Lebensspanne lebt und die zu erwartende Anzahl Kinder bekommt.

Wie auch immer – wir müssen vermutlich gar nicht so lange warten, um die Aufnahmekapazitäten des Planeten an menschlicher Bevölkerung (sein Maximum an permanenter Belastung) zu überschreiten, da wir dies wahrscheinlich schon erreicht haben. Die industrielle Zivilisation hat es geschafft, die *Nahrungsmittelversorgung* durch die Besiedlung immer mehr wilder Landstriche und durch die auf fossilen Brennstoffen basierenden Agrartechnologien der ›grünen Revolution‹[40] sowie das Transportwesen hochzuschrauben. Um die Nahrungsmittelproduktion auf dem gegenwärtigen Level halten zu können, basiert die industrielle Landwirtschaft im Wesentlichen auf der Ausbeutung verstorbener Ökosysteme[41], die vor Millionen Jahren existierten, bzw. deren fossilen photosynthetischen Produktion. Das kann nur eine temporäre Lösung sein, denn eines Tages wird die Jagd nach Fossilien in die Leere laufen (nur die Technikgläubigen, die an den Mythos der unendlichen Ressourcen glauben, sind anderer Meinung). Wann das passieren wird, weiß keine*r genau, obwohl schon viele behaupten, dass wir ›Peak Oil‹ bereits hinter uns gelassen haben. Manche mögen dagegenhalten, dass Brennstoffzellen, Solarenergie, Gentechnik und Nanotechnologie eine Bevölkerungskatastrophe verhindern werden. Diese Fortschrittsapostel ähneln immer mehr Cargo-Kulten in ihrem Glauben daran, dass die Technologie, die entweder durch den Markt (kapitalistisch) geregelt wird oder durch den Staat (sozialistisch) geplant wird, schon alle Bedürfnisse befriedigen wird. In dem unwahrscheinlichen Fall, dass sie doch richtig liegen und die Nahrungsmittelversorgung mit dem Bevölkerungswachstum mithalten kann, wird die stark manipulierte Natur dafür sorgen, dass die ›Freiheits-Versorgung‹ (sowohl für Menschen als auch für andere Tiere) immer knapper wird.

Das schnelle Bevölkerungswachstum braucht also fossile Brennstoffe, um zu überleben. Die Nahrung der meisten von uns basiert auf Öl, und Krankheiten werden durch Technologien unter Kontrolle gebracht, die auf hoher Energieversorgung basieren. Hier also ein weiterer Grund, warum ich die Fähigkeit von Aktivist*innen oder – was das angeht – auch von Staaten bezweifele, die Gesellschaft von der Dekarbonisierung zu überzeugen. Es hört sich zwar nett an, würde aber für Millionen, wenn nicht sogar für

Milliarden, kürzere Lebenserwartungen bedeuten, wenn die Menschheit aufhören würde, aus der Vergangenheit zu importieren.

Auf einem wesentlich heißeren Planeten stünde die Existenz der Menschheit auf dem Spiel, ein massenhaftes Sterben scheint wahrscheinlich, selbst wenn mensch nicht an die Thesen von ›Peak Oil‹ glaubt. Wenn der Großteil der Welt heißer und ärmer wird, werden Farmer*innen sich die petrochemischen Importe, die für die Aufrechterhaltung der Produktion notwendig sind, nicht mehr leisten können. Selbst wenn die fossilen Brennstoffe nicht ausgehen. Des Weiteren hat die industrielle Landwirtschaft zwar zeitweilig die Erträge des Landes erhöht, in diesem Prozess wurden jedoch große Mengen an ›produktivem‹ Land ausgelaugt, welches nun ohne Dünger nicht mehr in der Lage ist, so viele biologische Nahrungsmittel anzubauen, wie es ursprünglich einmal waren. Selbst Südstaatler*innen, die ›glücklicherweise‹ noch Zugang zu fossilen Brennstoffen haben, werden herausfinden, dass ihr Zaubertrank seine Macht verliert, sobald der Boden vertrocknet und davonweht. Geringer Zugang zu Nahrungsmitteln und medizinischer Versorgung wird verheerende Folgen für die hungernde Bevölkerung haben.

Es wäre eine schöne Vorstellung, dass die Länder, die immer noch in der Lage sind, beachtliche Mengen Nahrungsmittel herzustellen (dies zum Teil dank verbesserter Anbaumethoden – mehr dazu später), diese verschenken würden. Ich würde aber nicht viel darauf setzen. Eine Milliarde Menschen leiden bereits jetzt Hunger.[42] Statt zu spektakulärem Massensterben ganzer Communitys führt dies allerdings vorrangig zu erhöhter Kindersterblichkeit und einer verminderten Lebenserwartung. Dennoch war es von Anfang an eine konkrete ›Ausformung‹ des Kapitalismus (fragt mal die Iren), Millionen von Menschen auf dramatische Weise hungern zu lassen. Mike Davis erinnert uns an ein oft vergessenes Beispiel, als im späten 19. Jahrhundert 30–60 Millionen Menschen zu Tode hungerten, »nicht außerhalb des ›modernen Weltsystems‹, sondern im Zuge des Prozesses, der sie zwang, sich den ökonomischen und politischen Strukturen anzupassen«.[43] Ähnliche Hungersnöte haben ihren Preis über das folgende Jahrhundert gefordert, viele dirigiert durch die Staatssozialist*innen, den fleißigsten Schüler*innen des Britischen Empires.

Es wäre hoffnungslos utopisch zu glauben, dass Hunger als Bestandteil der menschlichen Existenz verbannt wird, vielmehr sterben heute die meisten an Hunger, während gleichzeitig andere Mitglieder ihrer Gesellschaft sich satt essen. Hunger ist die Sprache des Klassenkrieges. Herrschaft hat viele Ebenen und eine dieser Ebenen ist, dass ein Großteil des extremsten Hungers sich auch in der Zukunft, wie heute[44], vermutlich als geschlechtsspezifische Gewalt äußert.

Ich werde es anderen überlassen, über den relativen Beitrag von Bevölkerungszahlen und industriellen Konsummustern (als ob beide nicht wesentlich verbunden wären) auf die Klimaerwärmung zu streiten. In der heutigen Gesellschaft stellt globales (und lokales) Bevölkerungswachstum eine Barriere für jede signifikante Senkung des CO_2 Ausstoßes dar. In der zukünftigen Gesellschaft wird die gegenwärtige Unfähigkeit des Kapitalismus, sich aus seiner Abhängigkeit von fossilen Brennstoffen zu navigieren, vermutlich zu einer massiven Reduzierung der Bevölkerung führen.

Klimawandel sorgt sowohl für Möglichkeiten als auch für Unmöglichkeiten

Globale Erwärmung, Bevölkerungswachstum, Peak Oil und andere ökologische Grenzen werden vermutlich nicht die Apokalypse sein, die überall das Ende der Herrschaft von Staat und Kapital bringen wird. *Der Weltuntergang* tritt vermutlich nicht schneller ein als *die Weltrevolution*. Dennoch bedeutet es auch, dass ein alles umfassender globaler Kapitalismus, der alle Beziehungen beinhaltet, sogar noch unwahrscheinlicher wird. Das westliche Projekt der kulturellen Expansion stößt an seine Grenzen. Als Teil davon stoßen die libertären Bewegungen, die sich im Schatten des Kapitalismus verbreiteten, ebenfalls auf die realen Grenzen der Ausbreitung des Anarchismus. Während die Errichtung *einer* Welt des Anarchismus ausgeschlossen wird, eröffnen sich Möglichkeiten für *viele* neue oder alte Welten, darunter Anarchien. Manche dieser Möglichkeiten werden im Konflikt entstehen, andere werden durch Konflikt geschlossen werden.

Es liegt in der Natur der Staaten, die Bevölkerung zu kontrollieren, allerdings werden viele der Milliarden Menschen das Hungern nicht schweigend hinnehmen. Gestern lösten die »Massenvernichtungen im imperialistischen Zeitalter« unter jenen, die von den Fluten des aufsteigenden Weltsystems hinweggespült wurden, millenaristische Aufstände aus. Morgen, wenn die (Ge-)Zeiten sich geändert haben, werden ›überflüssige‹ Bevölkerungsteile im (Wüsten-)Sand zurückgelassen. Und so steuern wir auf ein weiteres, vielleicht noch brutaleres Jahrhundert der Kriege und Aufstände zu.

Wüstenstürme

Der militärische Blick auf die Zukunft

Heiße Kriege und Failed States

Friedenswächter auf dem Friedhof der Lebenden

Von (Hunger-)Revolten zum Aufstand

Der militärische Blick auf die Zukunft

Während die Politiker*innen des Staates und der sozialen Bewegungen hohle Phrasen wiederholen, gegenüber ihrer Wähler*innenschaft lächeln und sich gegenseitig beschimpfen, gibt es auch einige Realist*innen, die eine klimaveränderte Zukunft weniger als etwas, das verhindert werden kann, als vielmehr als etwas, das kontrolliert werden muss, betrachten. In dem Text *National Security and the Threat of Climate Change* untersuchten führende Akteure und Vordenkerinnen des US Militärs eine weite Spanne an Szenarien. Ihr erster Befund ist: »Der prognostizierte Klimawandel stellt eine ernsthafte Bedrohung der amerikanischen nationalen Sicherheit dar«.

Wie das?

» In bereits geschwächten Staaten werden extreme Wetterphänomene wie Dürren, Fluten, der Anstieg des Meeresspiegels, zurückgehende Gletscher und die rasante Verbreitung lebensbedrohlicher Krankheiten zu ähnlichen Effekten führen: steigende Migration, weiter destabilisierte und gescheiterte Staaten, ausgeweitete rechtsfreie Räume, verschlimmerte Rahmenbedingungen, die von Terroristen ausgenutzt werden, und wachsende interne Konflikte. In den entwickelten Ländern werden diese Bedingungen den Handel bedrohen und neue Herausforderungen an die Sicherheitslage, wie zum Beispiel die weitere Verbreitung ansteckender Krankheiten oder die steigenden Migrationszahlen, stellen.«[45]

Zum einen sehen sie im Klimawandel einen »neuen feindlichen und belastenden Faktor«, der generell neue Bedrohungen schafft, und zum anderen sehen sie ihn als Verschlimmerung bestehender Bedrohungen.

» Klimawandel wirkt als Multiplikator für Instabilität in einigen der unbeständigsten Regionen der Welt. Viele Regierungen in Asien, Afrika und im Mittleren Osten sind schon jetzt am Rande ihrer Kapazitäten, um die Grundbedürfnisse zu befriedigen: Nahrung, Trinkwasser, Unterkünfte und Stabilität. Der prognostizierte Klimawandel wird die Probleme in diesen Regionen verschlimmern, zusätzlich zu den bestehenden Problemen des effizienten Regierens. Im Gegensatz zu konventionellen Sicherheitsbedrohungen, die auf einer einzigen Entität basieren, die auf spezifische Weise zu unterschiedlichen Zeiten agiert, hat der Klimawandel das Potenzial zu multiplen chronischen Grundlagen zu führen und dies global und im selben Zeitfenster. Ökonomische und ökologische Grundlagen werden weiter wegbrechen, wenn die Nahrungsmittelproduktion nachlässt, Krankheiten ansteigen, sauberes Wasser knapp wird und Bevölkerungsteile auf der Suche nach Ressourcen migrieren. Geschwächte und gescheiterte Regierungen, mit schon jetzt geringen Überlebenschancen, befördern die Bedingungen für interne Konflikte, Extremismus und Veränderungen hin zu autoritären Regierungssystemen und radikalen Ideologien...

Da der Klimawandel das Potenzial hat, natürliche und humanitäre Katastrophen zu verursachen, die weit über die heute bekannten hinausgehen, werden seine Folgen wahrscheinlich politische Instabilität dort fördern, wo soziale Forderungen über die Kapazitäten der Regierungen hinausgehen.«[46]

Ähnliche Alpträume und Fantasien werden auch unter Militärexperten an anderen Orten diskutiert.[47] Dabei sollte daran erinnert werden, dass Armeen danach planen, was möglicherweise passieren wird, und nicht danach, was definitiv passieren wird. Zusätzlich besteht ein institutionelles Eigeninteresse zu glauben, dass die Welt immer gefährlicher wird, wenn es dein Job ist, die Ordnung mit Gewalt zu verteidigen. Dennoch macht es Sinn, ihre Konfliktvorhersagen ernst zu nehmen, nicht zuletzt, weil durch das politische Inkrafttreten ihrer Empfehlungen auch die Schatten ihrer Träume Realität werden können. Genau wie die »Generäle immer den letzten Krieg kämpfen«, sind auch ihre Visionen der Zukunft geformt von den Konflikten der Gegenwart. Es sollte also keine Überraschung sein, dass sich ein Großteil des militärischen Diskurses zum Thema Klimawandel um ›heiße‹ Kriege, Failed States und die daraus entstehende politische Gewalt dreht. Potenzielle kalte Kriege zwischen dem globalen Norden und extremen Süden werden weniger prominent bedacht. Ich werde diesem Grundsatz erst einmal folgen, auf solche Möglichkeiten später aber noch eingehen.

Heiße Kriege und Failed States

Im Hinblick auf aktuelle Konflikte zeigt sich bereits ein offensichtlicher äquatorialer Spannungsbogen, der sich vermutlich signifikant ausweiten wird. Er existiert aufgrund einer ganzen Menge Variablen, darunter nicht zuletzt die akkumulierten ökologischen Auswirkungen kollabierter Zivilisationen, das Erbe des westlichen Kolonialismus, einer hohen Bevölkerungsdichte, dem Vorkommen von für den Kapitalismus nützlichen Ressourcen und Bewohner*innen, die am Rande des landwirtschaftlichen Überlebens stehen.[48] Gemäß der vorherigen Ausführungen der US Generäle werden einige der Regierungen in diesen Regionen gestürzt werden und andere werden, zu verschiedenen Graden, »scheitern«. Manche Staaten werden sich in ihre (vielleicht wechselnden) Hauptstädte zurückziehen und das restliche ihnen zugesprochene Territorium als einen Flickenteppich aus Krieg und Frieden zurücklassen. Andere werden in Bürger*innen-Kriegen, Revolutionen und innerstaatlichen Konflikten untergehen. Ohne Zweifel wird viel Schreckliches passieren, aber auch viel Potenzial für den Aufbau eines freien Lebens entstehen.

Über das, was die Großmächte von heute zu tun in der Lage sind, herrscht, kaum überraschend, Uneinigkeit unter den Militärstrategen. Manche argumentieren, dass sie »vielleicht häufiger in solche Situationen geraten, entweder allein oder mit Verbündeten, um zu dabei zu helfen, Stabilität wiederherzustellen, bevor die Bedingungen sich weiter verschlechtern und von Extremisten ausgenutzt werden«. Und dass sie »angerufen werden, um sich um Stabilität und Wiederaufbau zu kümmern, nachdem ein Konflikt ausgebrochen ist, um weitere Katastrophen zu vermeiden und eine stabile Umgebung wiederherzustellen«.[49] Andere sehen eine wesentlich reduzierte Rolle als globale Ordnungsmacht als Teil des Endes der von den USA ausgerufenen Neuen Weltordnung voraus. Dies würde bedeuten: »fehlende Mittel, um lokalen Autoritäten zu helfen, die Ordnung wiederherzustellen, und resultierend daraus vermutlich ein Rückfall in eine Politik, die zur Isolation führt«.[50]

Bewegungsanarchist*innen in diesen Regionen mögen wahrscheinlich ernsthaft darüber nachdenken, welche schlauen praktischen Vorbereitungen sie treffen sollten, um sich selbst zu regieren, zu überleben und für zivile Kriege gewappnet zu sein – und das angesichts des anscheinend nicht abwendbaren Ausbruchs ethnischer Konflikte und der damit verbundenen Stärkung autoritärer Kräfte. »Wir müssen in der Lage sein, uns selbst zu verteidigen, zu überleben und aus den Krisen der Gesellschaft, inklusive der kapitalistischen Versuche, uns zu zerstören, einen Vorteil zu schaffen. Die zersplitterte und industrielle Natur der heutigen Gesellschaft trägt bereits ihre morgige Instabilität in sich?.«[51]

In den Tiefen der Krise, in denen »soziale Forderungen über die Kapazitäten der Regierungen hinausgehen«, könnten die glorreichen Tage des Anarchismus wiederkehren. »Wenn der Klimawandel in gemindertem Regenfall und geringerem Zugang zum natürlichen Kapital, das die Lebensgrundlage bildet, mündet, wird das die Armut verbreiten und zu größerem Groll in der Bevölkerung und besseren Rekrutierungsoptionen für rebellische Bewegungen führen.«[52] Wer weiß, vielleicht werden wir ja sogar so spektakuläre Szenen wie die anarchistischen Panzerzüge von Maria Nikiforova[53] sehen. Von den Steppen der Ukraine über die Berge Mexikos zu den Straßen Barcelonas – ein Großteil derjenigen, die sich je als Anarchist*innen identifizierten, war in einen offenen Krieg verwickelt.

Bedauerlicherweise neigen rebellische Bewegungen in den meisten Orten dazu, staatsnah und nicht anarchistisch zu sein. Zum Teil haben wir dies der großen Anzahl (im Vergleich zu den libertären) an etablierten autoritären politischen Gangs zu verdanken, allerdings neigen Leute in extremen Situationen auch zu extremen *Lösungen*. An einigen Orten könnte das Selbstorganisation, Dezentralisation und gegenseitige Hilfe sein, aber in vielen anderen Orten wird es keine soziale Lösung geben, sondern nur die falschen Versprechungen von Despoten und Propheten. Das soll nicht bedeuten, dass wir nicht auch auf dieser Ebene mit ihnen mithalten könnten, indem wir z.B. millenaristische Hoffnungen auf eine neues Morgenrot verbreiten würden... Wenn wir aber ehrlich zu uns selbst sind, wäre dies, nachdem wir die Religion bereits hinter uns gelassen haben, eine Verhöhnung unserer Ethik und würde nur der besseren Rekrutierung für unsere Gang und der Freude am Krawall dienen.

Dort, wo sichtbare und spektakuläre libertäre soziale Kräfte entstehen, werden wahrscheinlich Menschen aus aller Welt anreisen, um sie zu unterstützen. Wenn die Zeiten düsterer werden, werden viele aus unserem Umfeld zu den Ausbrüchen des bewaffneten Widerstands stürzen, ganz egal, wo sie stattfinden. Dies entsteht aus tiefen Gefühlen der Liebe und Solidarität, aber auch – lasst uns ehrlich sein – aus dem Grund, dass für einige Konflikte an sich attraktiv sind und Anti-Militarist*innen sonst selten die Gelegenheit zu einem richtigen Krieg haben. Die nihilistische Sehnsucht, hier einfach rauszukommen und die »Scheiße in die Luft zu jagen« – verstärkt durch eine immer komplexere Welt –, ist, wenn sie nicht ein kreatives Verlangen ist, eine sehr starke Sehnsucht. Das soll nicht heißen, dass alle sie haben, viele aber haben sie. Es gibt eine unschöne Symmetrie zwischen unseren emotionalen Antrieben und denen von Kämpfer*innen im Allgemeinen.

In den ehemaligen Territorien von gefallenen und gescheiterten Staaten werden interethnische Konflikte immer üblicher, zumindest so lange, bis die Bevölkerungszahlen auf ein Level gesunken sind, das mehr zu einer heißeren Welt passt.

Die Konflikte in den Failed States sind so hartnäckig und haben ein solches Ausmaß erreicht, dass selbst die geringsten Veränderungen, die ja bereits vom Weltklimarat vorhergesagt werden, wahrscheinlich die Lebensgrundlagen verschlechtern würden. Die Tendenzen legen eher einen sozialen oder stammesabhängigen Zusammenbruch nahe als einen Krieg zwischen Nationen. Klima-Tendenzen ignorieren Grenzen, und für Konflikte anfällige Failed States werden sich wie Krankheiten verbreiten.[54]

Friedenswächter auf dem Friedhof der Lebenden

Solche Kräfte der interethnischen Konflikte werden sich wesentlich weiter verbreiten als Gruppen, die sich an aus Europa stammenden politischen Ideologien – ob libertär oder autoritär – orientieren. In Gegenden, in denen es weniger Wasser als durstige Münder gibt, sind sie am Ende in der Lage, wirkliche Lösungen (wenn auch nur temporär) für die unmittelbaren Bedürfnisse der Menschen zu bieten. Selbstverständlich geschieht dies, indem ›den Anderen‹ die Ressourcen entzogen werden. Zusätzlich können interethnische Konflikte ausbrechen, wenn zwar die ›Sache hoffnungslos‹, der emotionale Antrieb allerdings stark ist.

Der tröstende Glaube daran, dass Individuen sich Konflikten nur aufgrund rationeller strategischen Überlegungen, familiärer Tradition oder historischer Unterdrückung freiwillig anschließen, löst sich auf, wenn mensch sich die von vielen Kämpfer*innen selbst hervorgebrachten Sehnsüchte genauer anschaut. Um ein spektakuläres Beispiel aus Europa zu finden, reicht es, sich einmal Mattijs van de Ports Studie über eine Community, die in den Bürger*innenkrieg in Ex-Jugoslawien hineingezogen wird, anzuschauen. In *Gypsies, Wars and other instances of the Wild* präsentiert er einige Aussagen von Leuten, die in festlicher Stimmung in die Rolle von Barbaren geschlüpft sind.

» ›Wie ist *das* möglich in Europa am Ende des 20. Jahrhunderts?‹, war die Frage, die mir wie verrückt durch den Kopf ging... Der Krieg in Jugoslawien zwang uns einzusehen, dass Leute willig sind, sich aktiv und bewusst für Regression, Barbarei und die Rückkehr zur Wildheit zu entscheiden. Nehmen wir die serbischen Kämpfer, die von einer Rückkehr des alten Serbiens aus den epischen Geschichten träumen, in denen ›es keine Elektrizität gab, keine Computer; in der Zeit in der die Serben glücklich waren und keine Städte, die Brutstädten allen Übles, hatten‹.«[55]

Dass sich einige moderne Milizen auf romantisierte Sehnsüchte beziehen, während sie Städte beschießen, Dörfer niedermachen und im Gegenzug erschossen werden, sollte weder überraschen noch notwendigerweise jegliche Romantik diskreditieren. Es legt jedoch auf jeden Fall nahe, dass es – neben der ehrlichen ausgedrückten Freude über Zerstörung, die in allen Kriegen von einigen Soldat*innen geäußert wird, ebenso wie von einigen Anarchist*innen – eine gewisse Verbindung zwischen dem generellen Willen zur Zerstörung und dem Ärger über die komplexe menschliche Gesellschaft gibt.

Randolph Bourne hatte Recht, als er schrieb: »Kriege sind die Gesundheit eines Staates«.[56] Dieser andere, oben genannte Antrieb ist allerdings auch am Werk und das insbesondere dort, wo die ›Fronten‹ nicht mehr aus Staaten bestehen. Die Beschreibungen des französischen, anarchistischen Anthropologen Pierre Clastre über die Kriege zwischen Amazonas-Stämmen lassen sich zwar nicht direkt auf interethnische Konflikte, in denen nicht-anarchistische Stämme involviert sind, übertragen, dennoch bleibt im Nachklang eine Resonanz:

> » Welche Funktion hat demnach der primitive Krieg? Er ist dazu da, die Dauerhaftigkeit dieser Zerstreuung zu sichern, die Zerstückelung und Auflösung der einzelnen Gruppen in kleinste Teilchen. Der primitive Krieg ist ***die Arbeit einer Logik der Fliehkraft,*** eine Logik der Trennung, die von Zeit zu Zeit im bewaffneten Konflikt am deutlichsten ihren Ausdruck findet. Der Krieg sorgt dafür, daß jede Gemeinschaft in ihrer politischen Unabhängigkeit verbleibt […] Um welche legale Macht aber handelt es sich, die sich allen vorhandenen Unterschieden im Hinblick auf ihre Beseitigung annimmt, die gerade darin zur Geltung kommt, daß sie die Logik des Multiplen abschafft, indem sie diese durch die entgegengesetzte Logik der Vereinigung ersetzt? Was ist der Name für dieses Eine, das die primitive Gesellschaft mit ihrem ganzen Wesen ablehnt? Es ist der Staat.«[57]

Es ist nicht alles Selbstüberschätzung und doppeldeutiges Gerede, wenn Imageberater des Militärs staatliche Invasionen als ›friedenswahrend‹ bezeichnen. Ethnische Diversität und Autonomie bringt oft beides hervor: gegenseitige Hilfe *in* den Communitys und Feindschaft *zwischen* den Communitys. Ich mag den Gedanken (und unsere Geschichte stärkt diesen), dass selbsternannte Anarchist*innen niemals so viel Leid verbreiten werden wie serbische Nationalisten (ein Beispiel, das ich absichtlich wegen seiner Abscheulichkeit gewählt habe), aber wir müssen zugeben, dass unser Wunsch, die ›Scheiße in die Luft zu jagen‹, zum Teil aus demselben Antrieb zur zivilisatorischen Zersplitterung herrührt, den mensch auch in innerethnischen Konflikten finden kann und der in den Köpfen vieler Kämpfer*innen im Allgemeinen vorhanden ist. Wenn die Zentralmacht in einigen Gegenden geschwächt ist, eröffnen sich Möglichkeiten für Anarchie – sowohl für die schöne als auch für die schreckliche Bedeutung des Begriffes.

Von (Hunger-) Revolten zum Aufstand

Kommende Klimakriegen mögen viele Anarchist*innen töten, es ist allerdings unwahrscheinlich, dass sie den Anarchismus insgesamt auslöschen werden, der als politische Bewegung bereits den Verlust seiner Anhänger*innen in vergangenen lokalen Katastrophen überlebt hat.[58] Trotz des ganzen Horrors der letzten 200 Jahre ist der Anarchismus eine »Überzeugung, die nicht tot zu kriegen ist«, wie es die New York Times schrieb.[59] Das ist ermutigend, wir sind dennoch keine ideologischen Maschinen. Es ist wichtig, dass Anarchist*innen – zum Beispiel du, ich, unsere Familien und Freund*innen, die wir erst kennenlernen werden – am leben bleiben und nicht nur ›die Idee‹. Für mich ist das wichtig! Gemessen an den lokalen Umständen werden wir mehr oder weniger 20 Jahre (vielleicht mehr) haben, um uns auf diese Umbrüche vorzubereiten, nicht alternativ zu anderen aktuellen Aufgaben, sondern als integraler Bestandteil einer langfristigen, mehrgleisigen Strategie. Für einige wird es auch eine Sachen von Leben oder Tod sein.

Obwohl zukünftige Klimakriege eine logische Fortführung der gegenwärtigen Verhältnisse sind, werden sie wahrscheinlich wesentlich größer und extremer als heutige Auseinandersetzungen ausfallen. An einigen Orten werden die Leute, unter ihnen Anarchist*innen, Klimakriege in libertäre Aufstände transformieren können. An anderen wird es schlicht ein Kampf ums Überleben oder vielleicht nur um einen bedeutsamen Tod in Würde sein. Diejenigen, die in in relativ stabilen, gemäßigten, sozialen Umgebungen leben – politisch und klimatisch –, werden vermutlich einem immer repressiver werdenden Überwachungsstaat gegenüberstehen und einer ›Masse‹, die zunehmen Angst vor den ›Barbaren außerhalb der Mauern‹ haben wird.

Was in jener Zeit praktisch getan werden muss, wird größtenteils davon abhängen, wer du bist und wo du dich befindest. Obwohl wir vermutlich einige gemeinsame Ideale haben, bestärkt der Klimawandel die Grundannahme, dass es keine einheitliche gemeinsame globale Zukunft gibt. Obwohl der Feind überall Entfremdung und Domestizierung[60] ist, sind die Situationen in Basingstoke und Bangladesch doch zur Zeit sehr unterschiedlich und werden es auch in der Zukunft sein.

Während seiner Lesung an der Royal Society konstatierte Lovelock:

»Wir stehen nun vor der Wahl zwischen der Rückkehr zu einem Leben mit der Natur in kleinen Gruppen von Jäger*innen und Sammler*innen oder eine verminderten High-Tech Zivilisation...«[61]

Statt dieser einen Wahlmöglichkeit wird es wohl eher beide Formen des Überlebens geben (so wie es sie bereits jetzt gibt) – hoch technologisierte Bürger*innen der industrialisierten Länder und weniger technologisierte Jäger*innen-Sammler*innen / Anarchist*innen. Zwischen diesen beiden Extremen werden die Überreste der durch Klimakriege und ähnliches reduzierten Bevölkerung, vergraben oder hungernd, liegen, an der Seite jener, die an den Ränder des landwirtschaftlichen Überlebens die Möglichkeiten eines freieren (oder auch nicht) Lebens ausbauen. Lasst uns also einen Blick auf die Möglichkeiten werfen, die es vielleicht für wilde Freiheit in manchen dieser unterschiedlichen Lebensweisen geben wird.

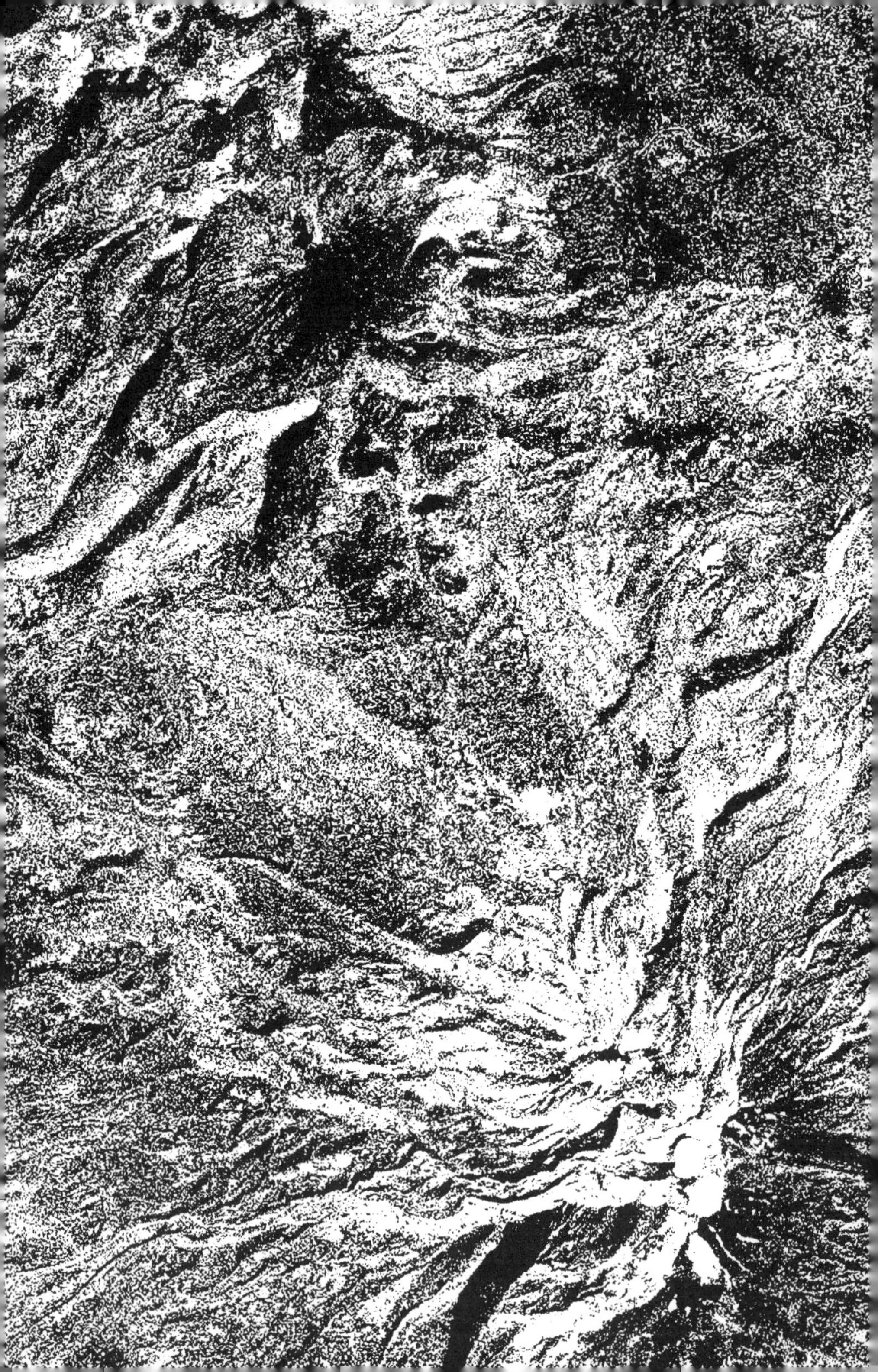

Afrikanische Wege zur Anarchie

Anarchische Elemente im (kleinbäuerlichen) Alltagsleben

Menschen ohne Regierungen

Das Wiederaufleben der Commons und der Rückzug des Welthandels

Den Staat überlisten

Anarchische Elemente im (kleinbäuerlichen) Alltagsleben

Lasst uns zum Beispiel einen Blick auf Afrika werfen, um Möglichkeiten der Freiheit im kleinbäuerlichen Leben zu untersuchen. Heutzutage hat »Afrika ein Image-Problem«[62]: Krieg, Hunger, Krankheiten und Spendenaufrufe. Auch in Zukunft wird sich dieser verzerrte Blick auf einen vielfältigen Kontinent durch sich verschlimmernden Klimawandel und die Interventionen des Katastrophen-Kapitalismus[63] verstärken. In den vorherigen Kapiteln wurde aufgezeigt, dass der Klimawandel Bürger*innenkriege hervorbringen und verschärfen wird – größtenteils durch die steigende Knappheit von Nahrung, Wasser und fruchtbarem Ackerboden. Viele stellen sich diese zukünftigen Konflikte als eine Generalisierung ihres Bildes, das sie vom gegenwärtigen Afrika haben, vor. Damit irren sie sich jedoch gewaltig.

Die meisten der aktuellen Kriege in Afrika werden eher durch das Vorhandensein als durch die Knappheit von Ressourcen angeheizt.[64] Ein Rückgang des Welthandels würde einigen dieser Brände den Sauerstoff entziehen. Wenn zum Beispiel das Öl in Regionen wie dem Niger-Delta, einer Region, die staatlichen wie kommerziellen Interessen als Schlachtfeld dient, zu Ende geht, werden sie wahrscheinlich wieder zu verschlafenen Hinterlanden. Ich gehe davon aus, dass wir keine Afrika-weite Diskussion über westlich-orientierten Anarchismus erleben werden. Also wird sich die Entwicklung der Gesellschaften zum Großteil aus dem ableiten, was sie momentan definiert. Aber es gibt gute (nicht neue) Nachrichten aus Afrika: in vielen Gegenden und auf vielen Ebenen haben afrikanische Kulturen deutliche anarchische Charakteristiken und in einigen wenigen Gegenden gibt es sogar funktionierende Anarchien.

Ich übergebe einen Moment an Sam Mbah, einen nigerianischen Anarchosyndikalisten:

» Viele traditionelle afrikanische Gesellschaften haben mehr oder weniger eine anarchische Eloquenz entwickelt, welche, bei genauerer Betrachtung, die historischen Binsenweisheit, dass es nicht immer Regierungen gab, glaubwürdig belegt. Diese sind eher ein jüngeres Phänomen und nicht zwangsläufig Teil der menschlichen Gesellschaft. In den vergangenen Entwicklungsstufen der traditionellen afrikanischen Gesellschaft waren einige anarchische Merkmale weit verbreitet und einige von ihnen blieben bestehen und sind bis heute deutlich ausgeprägt. Dies bedeutet, dass die Ideale, die dem Anarchismus zugrunde liegen, im afrikanischen Kontext vielleicht gar nicht so neu sind. Neu ist das Konzept des Anarchismus als eine Ideologie der sozialen Bewegungen. Anarchie als Abstraktion ist vermutlich in der Tat (größtenteils) in Afrika unbekannt, als Lebensweise ist er aber alles andere als unbekannt...

Anarchische Elementen waren in afrikanischen Communitys ... weit verbreitet – und sind es zu einem gewissen Grad auch immer noch. Dies beinhaltet die partielle oder komplette Abwesenheit von hierarchischen Strukturen, Staatsapparaten und der Kommodifizierung der Arbeit. Um dies in positiven Begriffen auszudrücken: [einige Gesellschaften] waren (und sind) größtenteils selbstorganisiert, egalitär und von ihrer Natur aus republikanisch.«[65]

Das Ausmaß, in dem Afrika der ›Welt-Meinung‹ nach ein ›hoffnungsloser Fall‹ ist, entspricht in etwa dem Ausmaß, in dem seine Gesellschaften anarchisch und nicht vollkommen verwoben in kapitalistische Beziehungen sind.

Warum haben anarchische soziale Beziehungen in einem solchen Maßstab in Afrika überlebt?

Jim Feast, der für das US-amerikanische anarchistische Magazin *Fifth Estate* schreibt, hat ein paar Antworten:

» Im subsaharischen Afrika, abgesehen von einigen wenigen Länder mit einer großen Anzahl weißer Siedler*innen und wertvollen Ressourcen (wie Diamanten oder Kupfer), drangen kapitalistische Landbauweisen oder Regierungen kaum in das Hinterland ein. In der Kolonialzeit hatten die imperialistischen Mächte nur begrenzte Ziele. Es gab kein Verlangen danach, Ressourcen darauf zu verwenden, dass der Staat seine Autorität in allen Ecken der neuen Kolonie durchsetzen könne. Nach der Unabhängigkeit, abgesehen von Siedler*innen-Staaten, kamen die Afrikaner*innen nur am Rande in Kontakt mit dem Markt. Es wurde zwar mehr auf dem Markt gehandelt, die Basis blieben aber immer noch kleine Ansiedlungen mit familienbetriebenen Farmen, auf denen sich ein Ethos der Subsistenz erhielt. Das ist der springende Punkt. Ganz egal, wie weitreichend die Auswirkungen des weltweiten Kapitalismus sind, ein großer Teil des subsaharischen Afrikas wurde im Grunde nicht durch den Staat oder den Markt geformt. Darüber hinaus gibt es, während es [fast weltweit] einen Kampf darum gibt, eine alternative Ökonomie zu entwickeln, in den Teilen Afrikas, über die ich hier spreche, weiterhin eine robuste Subsistenzwirtschaft, die sich nicht um Profit und Kapitalausweitung dreht.«[66]

Menschen ohne Regierungen

Anarchische Elemente sind in Afrika weit verbreitet, es gibt allerdings auch ganze anarchistische Gesellschaften.[67] Einige von ihnen sind umgeben von stärker eingebundenen Bevölkerungsgruppen, andere sind komplett unabhängig von externen Mächten – entweder durch Glück oder aktive Vermeidung. Landschaften, die nicht anschlussfähig an das Empire sind, sind ein wesentlicher Faktor für das Überleben dieser Kulturen und ihre Fähigkeit, ihre Autonomie zu verteidigen.

Einige sind innerhalb ihrer Gesellschaft anarchisch geblieben, während sie eine äußere Herrschaft oberflächlich akzeptieren. Das sollte nicht unbedingt als Anpassung gesehen werden. Regierungen lassen nicht gerne offensichtliche Opposition unbestraft zu, da diese andere ebenfalls ermutigen könnte. Dennoch haben sie nicht immer die Kapazitäten, bereits bestehende oder abgeschiedene Gesellschaften zu internalisieren, besonders nicht, wenn diese clever sind. Für die Gemeinschaft sind »die Macht des Staates und der fremden politischen Kultur (...) so anders und so machtvoll, dass (...) direkter Widerstand sehr schnell als nicht durchsetzbar und passive Anpassung ebenfalls unmöglich erscheint. Die akzeptabelste Möglichkeit scheint eine Art Kollaboration zu sein, die es ermöglicht, dass fast alles wie bisher weitergeht, mit dem Hintergedanken, dass ›wir vor ihnen hier waren, und auch nach ihnen bleiben werden‹.«[68] In manchen Situationen äußert sich dies simpel in einem unausgesprochenen Vertrag, der dem Grundsatz folgt: ›Wir tun so, als würdet ihr uns regieren, und ihr tut so, als würdet ihr das glauben‹. In anderen Situation kann die Strategie, ›den Staat zu überlisten‹, ein komplexes System verschiedener Taktiken beinhalten. Dazu gehören die Übernahme von Schlüsselfunktionen, eine Re-Traditionalisierung, die Organisierung in regulären Bewegungen sowie die Manipulation der Balance zwischen den konkurrierenden externen Mächten.

Einige mögen nun widersprechen, dass diese Anarchien nicht denen entsprächen, die entstehen würden, wenn ›wir‹ uns zusammensetzen und die ›ideale‹ Gesellschaft für sie entwerfen würden[69] – es handelt sich aber dennoch um Anarchien. Obwohl sie wesentlich egalitärer als die sie umgebenden Gesellschaften sind, gibt es üblicherweise ein gewisses Machtgefälle in Bezug auf Geschlecht und Alter, eine Arbeitsteilung, und manche basieren auf Tierausbeutung. Ich erachte davon nichts als gut, aber möchte daran erinnern, dass dies alles Merkmale sämtlicher zivilisierter Gesellschaften sind – wenn auch in unterschiedlichen Ausmaßen. Wenigstens haben diese Gesellschaften keinen Klassenkrieg und keinen Staat! In diesem Sinne sind sie Anarchien, auch wenn sie nicht allen Idealen ›unserer‹ westlich orientierten Anarchismen entsprechen. Sie sollten nicht idealisiert werden (nicht mehr als das heutige Chiapas oder Barcelona 1936) und du musst sie nicht unterstützen. Es sind existierende Anarchien, eine soziale Errungenschaft von Millionen Menschen, die durch die Zeit hinweg der Zentralisierung der Macht widerstanden haben. Jeder Überblick über die Möglichkeiten der Freiheit, der diese ignoriert, wäre idiotisch. Diejenigen von uns, die sich von Autorität befreien, können Erkenntnisse, Inspirationen und Warnungen aus ihren Beispielen ziehen.[70]

Das Wiederaufleben der Commons und der Rückzug des Welthandels

Für die Menschen in Afrika lässt die Tatsache, dass Anarchien existieren und einige anarchische Praxen weit über diese hinaus verbreitet sind, Fluchtwege und Überlebenschancen offen, die genutzt werden können, wenn Autoritäten kollabieren, sich zurückziehen oder zerstört werden. Es sollte angemerkt werden, dass viele auf den Commons basierende afrikanische Gesellschaften Rückfallpositionen waren, nachdem komplexe Königreiche zusammengebrochen oder von einfallenden Imperien (sowohl westlichen als auch afrikanischen) demontiert worden waren. Obwohl die kolonialen Eliten oft traditionelle Autoritäten nutzten, um Kontrolle auszuüben, gerieten sie doch auch oft in Konflikt mit ihnen. Dominierende Klassen handeln in ihrem eigenen Interesse und nicht im Interesse eines abstrakten Systems hierarchischer Macht. Der Angriff auf lokale Autoritäten durch äußere Eliten öffnete folglich anarchistische Möglichkeiten in der Vergangenheit, und dieses Muster besteht weiterhin. Um noch einmal Jim Feast zu zitieren:

» Dies ist eine Ironie der Geschichte. In den letzten 15 Jahren verkümmerte der Staat in [einigen Regionen] der industriell nichtentwickelten Welt und dies nicht, weil er verdrängt wurde, sondern durch die Ausbreitung des globalen Kapitalismus. Mit dem staatlichen Kollaps in der Peripherie des Kapitals ist nicht gemeint, dass Regierungen vollkommen verschwunden sind, sondern eher, dass viele Staaten wesentlich schwächer totale Kontrolle ausüben, als wir es in nördlichen Ländern erleben...

Seit der Unabhängigkeit waren die meisten Länder der Sub-Sahara Ein-Parteien-Staaten, angeführt von starken, korrupten Männern, die durch eine Mischung aus militärischem Zwang und der Bevorteilung einiger gut positionierter Anhänger*innen herrschten... Der intelligente starke Mann erkennt, dass nicht nur seine unmittelbaren Kumpanen (die den Staat stellen), sondern auch regionale Führer und Stammesführer jeder wichtigen Region gepflegt werden müssen. Dies geschieht am besten durch Infrastruktur-Projekte in den jeweiligen Zuständigkeitsbereichen (die die besten Gelegenheiten für Bestechungen bieten) ... Indem diesen Nationen Strukturanpassungsprogramme aufgezwungen wurden, verschwand [oft] diese Form des Regierens, da die Mittel, die zur Aufrechterhaltung der Vetternwirtschaft benötigt werden, nicht mehr vorhanden waren... Um die Herrschaft der Elite aufrecht zu erhalten gründete sich eine Bewegung, die in vielen Fällen zu einer Umwandlung in Mehrparteien-Demokratien führte. Im Zeitraum von 1988 bis 1999 stieg die Zahl von sub-saharischen Ländern mit Mehr-Parteien-Wahlen von 9 auf 45. Dies löst zynischerweise temporär zwei Probleme des Staates... Es gibt einem System, das weder in der Lage ist, weiterhin Klientelwirtschaft zu betreiben noch Sozialleistungen für seine Bürger*innen zu garantieren, wieder den Anstrich von Legitimität. Zudem wird dieses System durch die Teilung der Anhänger*innen entlang der konkurrierenden Parteien neu belebt. So muss jede politische Gruppierung auch nur weniger Mittel aufbringen, da sie nun nur einer kleineren Anhänger*innenschaft dient ...[71]

Der Staat verliert weitere Macht durch seine Unfähigkeit, den Bürger*innen selbst minimale Sozialleistungen, wie zum Beispiel Bildung und medizinische Versorgung, die von Strukturanpassungsprogrammen als zu kostspielig angesehen werden, zu gewährleisten. Einige dieser Leistungen werden von internationalen Hilfsorganisationen übernommen, der Großteil der verbleibenden Leistungen wird jedoch von der notleidenden Gesellschaft selbst übernommen. Oder in den Worten von Thomson: ›Schwindende Staatsressourcen, bringen die Zivilgesellschaft dazu, ihre Selbstversorgung auszubauen‹. Die vormals unterdrückten Frauengruppen, Gewerkschaften, Bauernverbände und andere Graswurzelnetzwerke übernehmen mehr Verantwortung im sozialen und ökonomischen Leben…

[Können wir also vielleicht einen afrikanischen Weg zur Anarchie sehen], auf dem sich die Geldwirtschaft und der Staat, die sich in einem Zustand des partiellen Zusammenbruches und des Rückzugs befinden, immer mehr Funktionen an nicht auf Geld basierende, nicht-staatliche, auf der Basis der gegenseitigen Hilfe basierende Dorfgemeinschaften übertragen?«[72]

Genau dies passiert bereits in einigen Gegenden auf eine Weise, die es nicht in die Nachrichten schafft, nämlich ohne offenen Konflikt. In anderen Gegenden ist die Revitalisierung der Commons *eine* der Kräfte, die das Machtvakuum bei kriegerischen Zersplitterungen von ›Failed States‹ ausfüllen. Die genannten Strukturanpassungen sind selbstverständlich auch ein Ausdruck ihrer Zeit . Bei den Projekten der Herrschaft gibt es Ebbe und Flut, wie die Expansion Chinas nach Afrika zeigt. Aber dennoch kann dieser beobachtete Prozess einen Hinweis darauf geben, was an vielen Orten passieren könnte, wenn sich der Welthandel in einer ressourcenarmen, klimaveränderten Welt zurückzieht.

Den Staat überlisten

Genau wie diejenigen, die wir boshaft als Lifestyle-Anarchist*innen[73] bezeichnen könnten, hat auch Afrika einen Zuwachs, wenn auch immer noch einen kleinen, an Gruppen, die sich unter dem Banner des Anarchismus organisieren. Es ist zwar unwahrscheinlich, dass diese das Bild / die Bilder des gesamten Kontinentes verändern, aber sie könnten eine entscheidende Rolle in auftauchenden Bewegungen und Kämpfen spielen. Ich wiederhole das vorige Zitat von Seaweed: »Jede Bioregion kann durch eine Abfolge von Ereignissen und Strategien, die auf ihren jeweilig einzigartigen Bedingungen basieren, befreit werden.« Selbst wenn wir die Aufkündigung der Option auf eine anarchistische Weltrevolution akzeptieren, gibt es keinen Grund anzunehmen, dass ein anarchistischer Aufstand irgendwo in Afrika (oder an einem anderen Ort) nicht zur Debatte steht. Durch die bereits dargestellten Faktoren ist dies auch gar nicht so unwahrscheinlich. In vermutlich übermäßig optimistischen Worten erklärt Sam Mbah:

» Der Prozess einer anarchistischen Transformation könnte sich in Afrika als vergleichsweise einfach herausstellen, da es Afrika an einer starken kapitalistischen Basis, deutlich entwickelten Klassenformationen und entsprechenden Produktionsweisen und an einem stabilen, tief verwurzelten Staatssystem mangelt.«[74]

Während eine überraschende Zahl afrikanischer Schotterpisten Richtung Anarchie führt[75], kann vieles von dem, was wir hier angeschnitten haben, in verschiedenen Abstufungen auch auf viele andere ländliche Gegenden in der Welt bezogen werden. In seinem hervorragendem Buch *The Art of Not Being Governed*[76] zählt James C. Scott zahlreiche Beispiele einer gelebten Anarchie im Hochland Südostasiens auf. Selbst außerhalb von Anarchien haben sich kleinbäuerliche Communitiys, deren Selbstversorgung nicht komplett abgeschafft wurde, oft ein hohes Level an Autonomie bewahrt – Land ist Freiheit![77] Traurigerweise wurden in vielen Gebieten kommunale Traditionen ausradiert, die ›Commons‹ (oder ›Wildheit‹) eingezäunt und die Farmer*innen dazu gezwungen, Lohnarbeiter*innen zu werden. In anderen Gegenden geschah dies jedenfalls nicht, und dies aus einer Anzahl verschiedener Gründe, von denen nicht der letzte Widerstand heißt. Staaten kriegen nicht immer ihren Willen.

Die Gezeiten der westlichen Autoritäten werden sich aus vielen, wenn auch sicher nicht aus allen, Gegenden des Planeten zurückziehen. Ein sich windendes Chaos an Strandgut wird in ihrem Kielwasser zurückbleiben. Einige Flecken gelebter Anarchie, einige schreckliche Konflikte, manche Imperien, einige Freiheiten und auf jeden Fall unvorstellbar Seltsames. Wenn sich Staaten zurückziehen und ›scheitern‹ – durch Chaos, Dummheit, Revolution, interne Konflikte, Klimastress –, werden die Leute dennoch weiterhin graben, sähen, hüten und leben. Die meisten allerdings zugegebenermaßen in einem gewaltig veränderten Klima und nur wenige mit einer Garantie auf ein friedliches Leben. An vielen Orten wird kommodifiziertes Land als Commons zurückerobert werden und es werden sich Communitys mit Geflüchteten aus den kollabierten Ökonomien bilden. Die alten und neuen anarchischen Gesellschaften werden ihr Leben und ihre Freiheit durch Vermeidung, mit Waffen, durch Flucht und die ›Überlistung des Staates‹ verteidigen müssen.

Wir haben einen flüchtigen Blick auf die sich bietenden (und die sich verschließenden) Möglichkeiten, sowohl durch Klimakriege als auch durch den Rückzug staatlicher Regierung aus ländlichen Gebieten, geworfen – aber was ist mit der Freiheit an den sich verschiebenden Außengrenzen der Zivilisation? Und was ist mit Freiheit hinter diesen Grenzen – in der Wildnis?

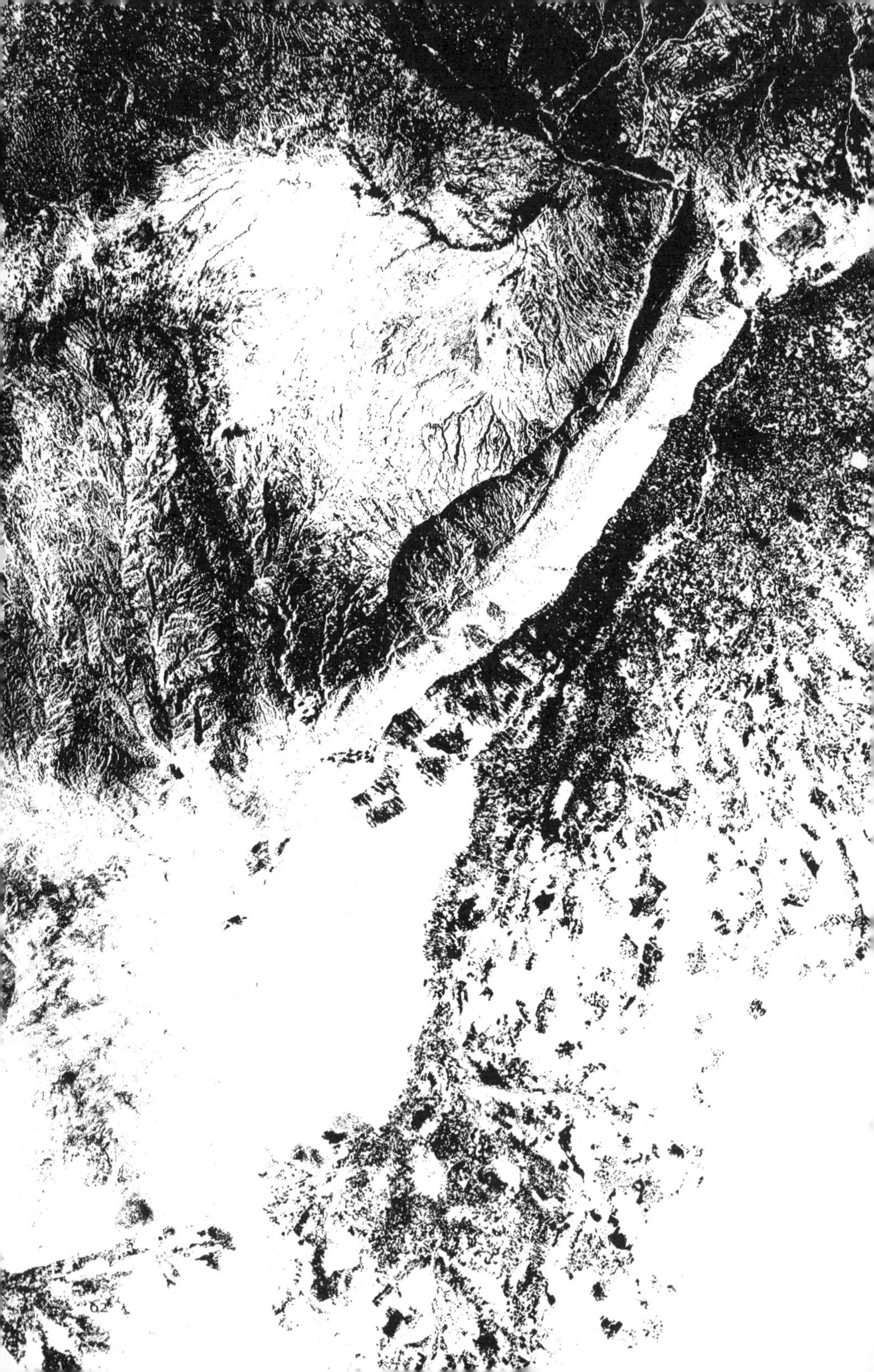

Zivilisation zieht sich zurück, Wildheit bleibt bestehen

Imperien verbreiten Wüsten, die sie nicht überleben können

Nomadische Freiheiten und der Kollaps der Landwirtschaft

Flughühner und Kreosot

Ein Wandrer kam aus einem alten Land,
Und sprach: »Ein riesig Trümmerbild von Stein
Steht in der Wüste, rumpflos Bein an Bein,
Das Haupt daneben, halb verdeckt vom Sand.

Der Züge Trotz belehrt uns: wohl verstand
Der Bildner, jenes eitlen Hohnes Schein
Zu lesen, der in todten Stoff hinein
Geprägt den Stempel seiner ehrnen Hand.

Und auf dem Sockel steht die Schrift: ‚Mein Name
Ist Osymandias, aller Kön'ge König: –
Seht meine Werke, Mächt'ge, und erbebt!'

Nichts weiter blieb. Ein Bild von düstrem Grame,
Dehnt um die Trümmer endlos, kahl, eintönig
Die Wüste sich, die den Koloß begräbt.«

– *Ozymandias*, Percy Bysshe Shelley, 1817
Übersetzung: Adolf Strodtmann, 1866

Imperien verbreiten Wüsten, die sie nicht überleben können

Mensch kann es in den Ruinen von Ur und Mu Us, den Wüstenfeldern von Wadi Faynan[78] und im Tal von Tehuacán[79] beobachten. *Imperien verbreiten Wüsten, die sie nicht überleben können.* Überfalle, Aufstände und Desertationen markierten oftmals den Niedergang von Zivilisationen, der Grundstein für ihren Zusammenbruch wurde allerdings von ihren eigenen Anführern, Arbeiter*innen und Zwangsarbeiter*innen gelegt. Wir arbeiten alle an dem Zusammenbruch unserer Zivilisationen.[80]

» Der zivilisierte Mensch ist über des Antlitz der Erde marschiert und hat eine Wüste in seinen Fußabdrücken hinterlassen.«[81]

Das Ausmaß, in welchem sich durch globale Erwärmung heiße Wüsten ausbreiten werden, ist unbekannt. Dass sie sich ausbreiten werden – und das drastisch –, ist allerdings eine ziemlich sichere Sache. Die Wechselwirkungen zwischen Ackerland, Klima und ziviler Macht werden weiterhin ein dominanter Faktor sein, der sowohl den Lauf der Geschichte als auch die Möglichkeiten zur Erschließung von Territorien für ein freieres Leben bestimmen wird. Dass Landwirtschaftssysteme daran scheitern werden, dass sich ausgedörrte Landstriche verbreiten, bedeutet, dass sich die Zivilisationen wieder einmal aus ihren vormals eroberten Landstrichen zurückziehen werden. An einigen Orten wird dies umfassend geschehen, an anderen graduell.

In meiner Muttersprache [und auch im Deutschen] werden mit Wüste Begriffe wie unbewohnbar, verlassen, verwüstet assoziiert; aber verlassen von wem? Nicht von den Koyoten und den Kaktuszaunkönigen. Nicht von den Ernteameisen und den Klapperschlangen. Nicht vom Namibischen Schnellschritt, den Erdmännchen, Akazien, den Tahren, den Flughühnern und von den Roten Kängurus. Wüsten und dürre Landschaften allgemein sind oftmals biologisch vielfältig, obwohl das Leben durch ihre Natur dort weniger zahlreich als in anderen Ökosystemen ist. Obwohl einige Wüsten tatsächlich leblos sind, werden die meisten von Gemeinschaften aus Säugetieren, Vögeln, Insekten, Bakterien und Pflanzen belebt. Diese laufen, fliegen, krabbeln, vermehren sich und wachsen, und das nicht durch die Zivilisation domestiziert oder eingeordnet. Wildheit ist in uns und überall um uns herum. Der Kampf, sie einzugrenzen und zu kontrollieren, ist die konstante Arbeit der Zivilisation.

Wenn dieser Kampf verloren geht und die Felder verwüstet sind, bleibt die Wildheit jedoch zurück.

» Derweil wartet hinter dem Nebel, unter dem Himmel voller Aasgeier, die Wüste – Hochländer, Bergkuppen, Canyons, Riffe, Senken, Steilhänge, Gipfel, Gestrüpp, ausgetrocknete Seen, Sanddünen und ausgedörrte Hügel.«[82]

Nomadische Freiheiten und der Kollaps der Landwirtschaft

Ich erinnere mich daran, in der roten, heißen Sonne zu hocken, ein leichter Wind wehte und die Stille der Wüste war absolut… oder es wäre zumindest für die Erzählung so gewesen. Es gibt Menschen hier, nicht alle Wüsten sind unbewohnbar, für Staaten ist es allerdings nahezu unmöglich, einen Mehrwert aus ihnen zu ziehen. Die geringe Dichte an Leben begünstigt Nomadentum – seien es Schäferinnen, Sammler und Jägerinnen, Reisende oder Händler.

» Niemand kann dieses Leben leben und unverändert daraus hervorgehen. Er wird für immer, mehr oder weniger deutlich, das Zeichen der Wüste, das Zeichen des Nomaden tragen.«[83]

Die Zentralisierung der Macht kann in jeder domestizierten Gesellschaft entstehen. Je nomadischer eine Bevölkerung ist, desto höher ist die Wahrscheinlichkeit, dass sie unabhängig ist. Regierungen sind sich dessen bewusst – wie mensch an den weitverbreiteten Versuchen sehen kann, die nomadischen ›Problemfälle‹ dazu zu bringen, sich niederzulassen. Ob es nun das hartnäckige Beharren der Aborigines in Australien[84] auf ihre Lebensweisen ist, der kompromisslose Widerstand der Apachen, angeführt von Victorio, oder der jüngste Aufstand der Tuareg in der Sahara – Nomad*innen sind oft in Kampf und/oder Flucht erfahren.

Helene Claudot-Hawad sagte in einer Diskussion über den Konflikt zwischen Tuareg und dem modernen Staat: »Staatliche Grenzen sind per Definition eine feste, nicht-bewegliche und nicht greifbare Linie, die mit dem Ziel entstanden, unüberwindbar zu sein. Sie separieren etwas, von dem angenommen wird, es seien sich gegenüberstehende Einheiten.«[85] Dass die widerständige Unabhängigkeit von Nomad*innen oft verbunden ist mit einem praktischen Unglauben an Grenzen, macht sie zu einer Bedrohung für die ideologische Basis von Regierungen.

Die globale Erwärmung wird eine Wandlung der menschlichen Landnutzung vorantreiben. Wie im vorigen Kapitel angemerkt, wird dies an einigen

Orten dazu führen, dass kleinbäuerliche Selbstversorgung die auf Export orientierte Monokultur ersetzen wird. An anderen Orten wird die vertrocknete Ernte vielleicht durch Viehzucht ersetzt. In den sich ausweitenden Trockenzonen wird sich ein guter Teil derjenigen, die sich erfolgreich anpassen, in den Armen nomadischer Freiheit und in der sich selbst versorgenden Wanderweidenwirtschaft wiederfinden.[86] Wieder andere nomadische Hirtinnen und Landwirte werden vielleicht zum Jägerinnen- und Sammlertum zurückkehren.

Der Großteil der Zeit, in der unsere Spezies existiert, waren wir Jägerinnen und Sammler und die Wildnis war unser Zuhause. Unter den Jäger-Sammler Gesellschaften befinden sich die egalitärsten Gemeinschaften der Erde.[87] Diejenigen, die bis in die heutige Zeit überlebt haben, taten dies in Regionen fern von zentralisierter Herrschaft, die oftmals nicht einmal landwirtschaftlich nutzbar sind. Die Spinifex People haben es zum Beispiel geschafft, ihr traditionelles Leben in der Großen Victoria-Wüste, sogar trotz der Entstehung ›Australiens‹, weiterzuführen. Ihre Länder sind sogar für das Hirtentum zu trocken.[88] Die !Kung haben es ebenfalls geschafft, in einer äußerst rauen Umgebung – der Kalahari[89] – frei und gut als Jäger und Sammlerinnen zu leben.

Wenn Landwirte mit Lebensmittelknappheit oder externer Gewalt konfrontiert sind, ist die Zuwendung zur wildbeuterischen Lebensweise eine schon oft adaptierte Strategie. Für manche vielleicht nur eine temporäre, für andere eine permanente. Dementsprechend könnten wir mit der weiteren Verbreitung der Wüste an einigen Orten einen Anstieg von Desertationen aus der Zivilisation, hin zu etwas, das unserem ursprünglichen anarchistischen wilden Leben nahe kommt, erleben. Ganz neue Gruppen von Jägerinnen und Sammlern entstehen vielleicht nach dem Zusammenbruch der landwirtschaftlichen Überlebensfähigkeit und nach dem Rückzug der großen Staatsmächte. Gemessen an den gegenwärtigen Lebensformen der in trockenen Zonen lebenden Hirt*innen und Jägerinnen und Sammlern werden sich sehr wahrscheinlich eher Mischformen bilden – autonome, nomadische Gruppen, die sich sowohl auf das Hüten als auch auf das Jagen und Sammeln verlassen werden.

Flughühner und Kreosot

Generell haben sich viele, die sich nach Freiheit von Autoritäten und nach Wildheit sehnen, an den Außengrenzen, oftmals in heißen Wüsten und semi-trockenen Regionen, gesammelt.

> As I wander out in the gentle spring,
> I hear a keen call of your roads, O Desert!
> I shall leave my home in the dreary hills
> How sad are other lands compared to you, O Desert!

– *Seidi,* turkmenischer Poet aus dem 19. Jahrhundert

Diese Möglichkeiten gibt es bereits jetzt in einigen Regionen und sie werden immer mehr werden. Selbst für jene, die sich innerhalb der Mauern der angeblichen globalen Mächte befinden, wird es ein immer größeres Außerhalb geben. In den bereits von Wasserarmut betroffenen Regionen Südeuropas wurden schon verlassene Höfe und Dörfer von Anarchist*innen, Hippies, Sekten und anderen, die sich dem Blick der Autorität entziehen und aus dem Gefängnis der Lohnarbeit ausbrechen wollen, wiederbelebt. Ähnliche ›drop out‹-Situationen gibt es es im ausgetrockneten Herzen Australiens und den westlichen Wüsten Nordamerikas. Wichtig an diesen Orten ist, dass dort indigene Gemeinschaften weiterhin bestehen oder sich re-etablieren. Die alte indigene Überlebensstrategie – »Wir waren vor euch hier und bleiben auch nach euch« – erntet vielleicht Wüstenblumen. Wie einige gegenwärtige Kämpfe zeigen, können Anarchist*innen und Indigene gute Verbündete abgeben.

Einige der ältesten Gemeinschaften leben in Wüsten. In der Mojave-Wüste gibt es einen Kreosotbusch [›King Clone‹], dessen sich langsam ausweitender Ring auf 11.700 Jahre geschätzt wird. Jüngere genetische Tests haben ergeben, dass die San der Kalahari vermutlich die älteste noch bestehende Bevölkerungsgruppe der Erde ist.[90] Diese Gemeinschaften – sowohl pflanzliche als auch menschliche – sind inspirierende Beispiele für Resilienz. Obwohl sie Jahrtausende in der heißen Wüste überlebt haben, könnte es sein, dass sie das aktuelle Jahrtausend nicht überstehen werden. Der historische Kreosotbusch ist eine ziemlich niedrig wachsende Pflanze und befindet sich auf Land, welches dem US Büro für Landmanagement gehört und als »geeignet für freizeitliches Geländefahren« eingestuft wird.[91] Die Regierung Botswanas wiederum hat viele San zwangsweise in ärmliche Auffanglager umgesiedelt, vermutlich um den Abbau von Diamanten zu ermöglichen.[92] Für freie Menschen und die Natur ist die Brutalität unserer kulturellen Wüste die größte aller äußeren Bedrohungen.

Allgemein sollten wir, wenn der Planet heißer wird, uns an die nomadischen Freiheiten der Hirten und Jägerinnen, die Rückzugsräume der indigen Gemeinschaften und der widerspenstigen ›drop-outs‹ und an die sich ausweitenden Lebensräume der Flora und Fauna erinnern. Dass sich Trockenzonen ausbreiten werden, wird sowohl positive Möglichkeiten bringen, als auch Traurigkeit in den verlassenen, vormals lebhaften Ökosystemen verbreiten.[93] Es kann auch in der Wüste noch eine schöne Blütezeit geben.

Ich habe die Möglichkeiten, die sich durch die Verbreitung heißer Wüsten ergeben, erwähnt, es gibt aber selbstverständlich auch neue Einschränkungen. Selbst einige relativ anarchische Kulturen an oder hinter den Grenzen der Wüste werden nicht überlebensfähig bleiben. Spezies werden aussterben. Obwohl es Überlebende in den sich ausweitenden Wüstenländern geben wird, werden viele vor der Hitze fliehen. Einige dieser Migrationsströme – die es in gewissem Ausmaß jetzt schon gibt – werden intranational sein, viele werden jedoch international sein.

» In den heißen, ausgedörrten Regionen werden sich die Überlebenden sammeln, um Richtung der arktischen Zentren der Zivilisation aufzubrechen. Ich kann sie mir vorstellen, wie sie in der Wüste bei Tagesanbruch stehen und die ersten durchdringenden Sonnenstrahlen auf das Camp fallen. Die kühle, frische Luft der Nacht verweilt noch einen Augenblick und dann verschwindet sie wie Rauch und die Hitze übernimmt.«[94]

Dies waren einige der letzten Worte in Lovelocks *Gaias Rache*. Wenn die Zivilisation und ein Großteil der Menschheit flieht und / oder stirbt, wenn sich die heißen Wüsten verbreiten, was ist dann mit den kalten Wüsten – was ist mit den neuen »arktischen Zentren der Zivilisation«?

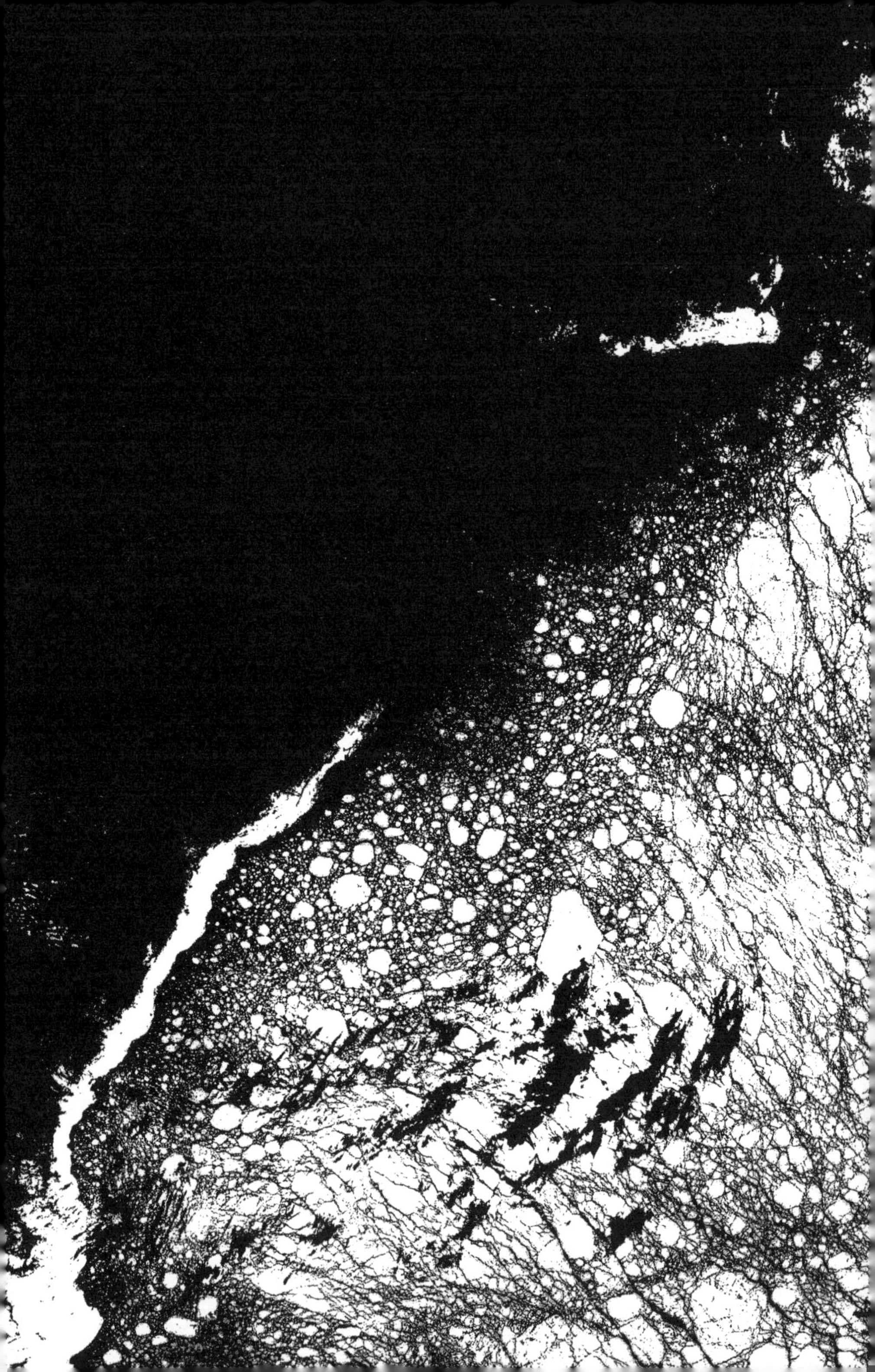

Terror Nullius kehrt zurück

Die Zivilisation expandiert in die schmelzenden kalten Wüsten

Genozid und Umweltzerstörung in den ›unbelebten‹ Landschaften

Ein Leben in Freiheit / Sklaverei an den neuen Grenzen

Altogether elsewhere, vast
Herds of reindeer move across
Miles and miles of golden moss,
Silently and very fast[95]

— *W. H. Auden*

Die Zivilisation expandiert in die schmelzenden kalten Wüsten

Genau wie wir es für Afrika beschrieben haben, stellen auch kalte Wüste eine ziemlich feindliche Umgebung für menschliche Zugriffe dar und sind dadurch, obwohl sie immer mehr von der Zivilisation betroffen sind, noch größtenteils nicht domestiziert. Das wird nicht so bleiben.

Berichte von Klimaforscher*innen, Indigenen, Segler*innen, Saisonarbeitern und Ökologinnen betätigen allesamt, dass der Klimawandel einen erhöhten Effekt im Hohen Norden hat. In Grönland hat Stan Pederson angefangen, Kohl anzubauen[96], etwas, das vor einigen Jahrzehnten noch undenkbar gewesen wäre. Durch die neuerdings vom Eis befreite Arktis schieben sich Forschungsschiffe auf der Suche nach Öl, Gas und anderen Reichtümern.[97] Im Großteil des Hohen Nordens (mit Ausnahme der Gegenden, die von Stalins Gulags und neuen Städten gezeichnet sind), sind die Eingriffe der Zivilisation spärlich oder temporär, sie nehmen allerdings zu und viele glauben, dass wir am Rande eines neuen Ansturmes auf die kalten Regionen stehen. Vergrabene Schätze werden erreichbar und vormals gefrorenes Territorium ermöglicht Siedlungen und Landwirtschaft. Die Zivilisation wird sich ausbreiten, wenn die kalten Wüsten schmelzen.

Es ist ein offenes, dreckiges Geheimnis, dass viele nördliche Regierungen sich bereits auf die Effekte des Klimawandels auf die von ihnen momentan eher symbolisch besetzten Gebiete freuen. Es wird einige Gewinner*innen im (zunehmend) wasserreichen Hohen Norden geben, genau wie es sehr, sehr viele Verlierer*innen in den wasserarmen heißen Regionen geben wird. Das Klima hat keinen Sinn für Gerechtigkeit.

» Einige Regionen der Welt werden in den nächsten 20 bis 30 Jahren Vorteile aus der globalen Erwärmung ziehen – wie etwa verbesserte Anbaubedingungen in manchen Teilen Kanadas oder Russlands.«[98]

» Die Gegenden in den nördlichen Breitengeraden unseres Planeten werden massive Veränderungen im Verlauf dieses Jahrhunderts erleben, die aus ihnen Orte mit größerer menschlicher Aktivität, einem höheren strategischen Wert und einer wirtschaftlich wichtigeren Rolle als der heutigen machen werden.«[99]

Diese Veränderung wird angeheizt durch den klimatischen Effekt des Verbrennens fossiler Brennstoffe und die Erschließung neuer Reserven. »Der Geologische Dienst der USA nimmt an, dass in dieser Region 90 Milliarden Barrel Öl – mit einem aktuellen Marktwert von schlappen 7 Trillionen US Dollar – und 30% der nicht erschlossenen weltweiten Gasreserven zu finden sind.«[100]

Zuvor haben wir auf Klimakonflikte geschaut und uns auf heiße Kriege konzentriert, kalte Kriege über die Kontrolle neuerdings verfügbarer Ressourcen (Kohlenwasserstoff, Mineralien, Land) sind ebenfalls denkbar, obwohl sie ganz andere Eigenschaften hätten. »Kalte Regionen sind meist wirtschaftlich entwickelte Länder, während heiße Gegenden meist Entwicklungsländer sind... Konflikte zwischen entwickelten Ländern führen eher zu Machtkonzentration und konzertierten Aktionen mit Todesfällen, während sich Konflikte in Entwicklungsländern oft durch diffuse Gemengelage auszeichnen.« »Während ein heißer Krieg durch den Zusammenbruch der Staatsfunktionen und interne Konflikte charakterisiert ist, verfestigt ein kalter Krieg die Kontrolle des Staates und externe Konflikte.«[101]

Der Ausbruch eines neuen Kalten Krieges – wieder einmal hauptsächlich zwischen östlichen und westlichen Mächten, dieses Mal aber um den Hohen Norden – steht auf dem Spiel.[102] Momentan ist die Wahrscheinlichkeit eines ausgewachsenen Konfliktes im neuen polaren Spannungsgürtel wesentlich geringer als in den heißen Gegenden der Welt, nicht zuletzt, da viele potenzielle Akteur*innen Atommächte sind. Die Zahl der Auseinandersetzungen, die teilweise an die britisch-isländischen Kabeljaukriege, kombiniert mit diplomatischer Selbstdarstellung, erinnern (wie das kürzliche Aufstellen der russischen Fahne auf dem Meeresgrund des Nordpols[103]), wird ohne Zweifel weiter ansteigen. Das einzige, was kategorisch Konflikte in der Region verhindern würde, wäre, wenn dort nichts Fördernswertes gefunden würde. Das ist aber leider unwahrscheinlich – allein die Öffnung des Meeres an sich birgt neue Möglichkeiten für Handel und Mobilität, selbst wenn in seinen Tiefen dann wenig gefunden wird.

Es gibt einen vergessenen Kontinent in dieser Geschichte: »Die Antarktis wird sich aufgrund von Terraforming enorm verändern und so Möglichkeiten schaffen, ökonomisch ausgebeutet zu werden. Da es viele Souveränitätsansprüche in der Region gibt, besteht die Wahrscheinlichkeit, dass daraus Konflikte entstehen.«[104] Es gibt eine Menge Eis in der Antarktis und es ist unwahrscheinlich, dass bedeutende Streitereien vor der Mitte des Jahrhunderts, wenn nicht sogar sehr, sehr viel später, ausbrechen, aber das bedeutet nicht, dass Staaten dafür nicht bereits die Grundsteine legen. Es ist grausame Ironie, dass ein Großteil der Wissenschaft, die ein Bewusstsein für den Klimawandel geschaffen und Einblicke in vergangene Klimazeiten gebracht hat, durch die tüchtige Arbeit von Wissenschaftler*innen staatlicher Institutionen kommt. Ein Beispiel: Die Anwesenheit der British Antarctic Survey in der Antarktis wird zum großen Teil finanziert, um die imperialen Ansprüche auf einen Kontinent, der erst nach massivem Klimawandel wirklich eroberbar und domestizierbar werden wird, zu unterstreichen. In der Zwischenzeit geraten die Gewässer im tiefen Süden – besonders rund um die umstrittenen Falkland Inseln – weiter in den Fokus der Ölsuche.

Genozid und Umweltzerstörung in den ›unbelebten‹ Landschaften

Als das Britische Empire Australien als ›Terra Nullius‹ deklarierte, definierte es das Land als unbewohnt. Die Bevölkerungen und die ›Wildnis‹ wurden unsichtbar und stumm gemacht. Wenn sie überhaupt wahr genommen wurden, dann nur korrekterweise als Hindernisse des Fortschritts. Im Hohen Norden, so wie generell in Kolonien, ist das Land bereits bevölkert beziehungsweise – aus einer größeren Perspektive betrachtet – belebt. Es gibt Wunder in der Tundra, die von der Zivilisation in Schutt und Asche gelegt werden müssen, um eben diese zu leeren und zu besetzen. In seiner schönen Untersuchung über die Arktis beschreibt der Naturforscher Barry Lopez sein geliebtes Gebiet:

» Die Arktis hat im allgemeinen die klassischen Züge einer Wüstenlandschaft: spärlich, symmetrisch, ausgedehnt und ruhig [...] Die scheinbare Monotonie ist belebt durch die sie durchziehenden Wettersysteme und die Aktivitäten der Tiere, besonders der Vögel und Rentiere. Wegen der offenen Landschaft und dem Sonnenlicht, das durch die staubfreie Luft die Ränder ungewöhnlich scharf beleuchtet, verweilen die Tiere im Auge. Ihre Präsenz ist lebhaft.

Wie andere Landschaften, die auf den ersten Blick öde wirken, kann auch die arktische Tundra sich plötzlich, wie die Krone einer Blume, öffnen, wenn man sich näher damit beschäftigt. Man beginnt, Stellen in brillantem rot, orange und grün unter den monotonen braunen Gräsern der Tundra wahrzunehmen. Eine Wolfsspinne stürzt sich auf einen glänzenden Käfer. Ein Haufen Bisamochsen-Fell liegt unbeweglich in den lavendelfarbenen Blüten eines Steinbrech-Gewächses [...] Der biologische Reichtum im Detail zerstreut jedes Gefühl davon, dass das Land leer sei. Seine Ähnlichkeit mit einer Bühne legt bevorstehende Ereignisse nahe. Auf einem Sommerspaziergang erweist sich die windgepeitschte Luft als unbeschreiblich klar. Immer wieder stößt man auf die isolierten und knappen Spuren des Lebens – Tierfährten, die unverdauten Überresten eines Alpenschneehuhns im Gewöll einer Eule, ein Stückchen kahlen Weidelandes, das nahezu blattfrei von Schneehasen abgeknabbert wurde. Man wird begleitet von Vögeln, die einem folgen. (Sie wissen, dass man ein Tier ist und früher oder später etwas zu essen zum Vorschein bringen wird). Schnepfenvögel zerstreuen sich vor einem und schreien *tuituek,* den Namen der Inuit für sie. Während man ungeschickt einen Geröllabhang voller von Frost zerklüfteter Kalksteine hinunterpoltert, sorgt man für ein nach zerberstendem Glas klingenden Hall – und in der Ferne stellt sich ein Grizzly auf seine Hinterbeine, um einen zu mustern, die zum Fressen bereiten Klauen seiner Vorderbeine sind tödlich ruhig [...][Allerdings lassen sich bereits, selbst in unbewohnten Landstrichen,] die Spuren des Umbruches nicht übersehen, man kann sich ihm nicht entziehen. Die Depression, die er mit sich bringt, da so vieles von ihm wie eine rücksichtslose Zumutung für das Land und die Menschen wirkt, wie eine rüpelhafte Invasion, kann einen in die Verzweiflung treiben.[105]

Das gegenwärtige Maß industrieller Invasion ist bloß ein Omen für die kommende Umweltzerstörung, die durch Erwärmung in den höheren Breitengrade entsteht, gewürzt mit neuen Städten, Straßen, Bauten, Feldern und Fabriken im Hohen Norden. Dieser Prozess wird ebenfalls ein versuchter Genozid werden. Schäfer*innen wie die Sami[106] in Lappland und Indigene Sibiriens werden wahrscheinlich ihre Länder immer fragmentierter und verschmutzter vorfinden, während die Communitys, die auf ressourcenreichem Land leben vor der Ausrottung – entweder durch Vertreibung oder Assimilation an die industrielle Kultur[107] – stehen. An wenigen Orten, wie zum Beispiel Grönland, wo viele der indigenen Mehrheit Vorteile aus der Freilegung ihres Landes ziehen könnten, kann dieser Prozess auch von Indigenen übernommen werden. An den meisten Orten, an denen indigene Communitys Minderheiten sind, wird es zu den bekannten Mustern von Repression und Widerstand kommen.

Diese Zukunftsgeschichte eines Kampfes zwischen den alten kalten Welten und den von der ›Weißglut der technologischen Revolution‹ aufgewärmten Welten ist bereits jetzt vergangen und gegenwärtig. Geschichten von Vertreibungen und Zerstörungen gibt es viele, aber auch viele des Widerstandes. Zum Beispiel haben sich indigene Stämme Sibiriens, trotz weniger Ressourcen, leidenschaftlich gegen den Ausbau der Gas- und Öl-Infrastruktur auf ihrem Land gewehrt. Bei einer Aktion haben einhundert Nivkh, Evenk und Ulita für drei Tage Straßen mit ihren Rentieren blockiert, um den Bau neuer Öl- und Gas-Pipelines aufzuhalten.[108] Besonders in Kanada müssen sich Regierungen und Firmen mit immer größeren indigenen (Krieger-)Gemeinschaften mit starkem Landbewusstsein und wachsendem Kampfgeist auseinandersetzen.

Obwohl es Siege im Kampf gegen die nördliche Ausweitung des Empires und seiner Infrastruktur gab und auch weiterhin geben wird, können selbst die entschlossensten Bevölkerungen nicht den Klimawandel an sich aufhalten. Indigene Gruppen berichten davon, dass bereits Leben und die Überlebensfähigkeiten von Lebensweisen betroffen sind. Wie es der Inuit Violet Ford beschreibt: »Wir können das Wetter nicht mehr einschätzen und so ist es sehr schwierig geworden, unsere Jagd zu planen. Dies verbreitet viel Stress und Angst in unseren Communitys.«[109] Ähnliches wird aus der ›russischen‹ Arktis berichtet, wo der Wandel von Eis- und Schneeschmelze einen Kulturwandel verursacht und den nomadischen Lebensstil der Rentier-Hirt*innen der Nenzen auf der Jamal-Halbinsel gefährdet.[110]

An einem klaren Tag wanderte ich einmal mit einem Freund an einem sturmgepeitschten Kap, umgeben von Wald, Wellen, Fischadlern und Orkas. Weit entfernt von jeder Straße und jedem Dorf fühlte sich der Ort unberührt an. Zwischen den Bäumen konnten wir allerdings die bröckelnden Überreste einer Schule entdecken. Rostende Landwirtschaftsmaschinen lagen im Unterholz und ehemalige Felder waren nun das Jagdgebiet von Pumas. Die Abgeschiedenheit von den Märkten, eine unlogische Politik und die Beschaffenheit des Landes, das ungeeignet für jede relevante Form der Besiedlung war, hatten dafür gesorgt, dass diese Küste verlassen worden war. Dieser Ort hielt mir vor Augen, dass trotz der Wünsche der selbsternannten Weltenplaner*innen, Siedlungsversuche manchmal fehlschlagen und die ›Wildnis‹ gewinnt. Dies wird auch in der Zukunft so sein.[111]

Der letzte wilde Kontinent

Um im Anatarctic Treaty System mitreden zu können, brauchen Nationen Basen und Forschungsprogramme. Auf einem Kontinent, auf dem militärische Aktivität verboten ist (militärisches Personal ist allerdings erlaubt), werden Wissenschaftler*innen zu Bodentruppen. Das die Basen potenziell einen größeren mittelfristigen Wert haben, der über bloße Wissenschaft hinausgeht,, ist vielleicht nicht öffentlich bekannt, manifestiert sich aber deutlich in den Fördersummen, die Wissenschaftler*innen beantragen – und bekommen. Als zum Beispiel die »British Antarctic Society bei der Regierung Fördergelder zum Bau der [Rothero] Landebahn beantragte, erwähnte sie in ihren Dokumenten nicht nur den wissenschaftlichen Nutzen, sondern bezog sich mehrfach auf die möglicherweise in der Antarktis vorhandenen Bodenschätze«.

Paul Brown,
The Last Wilderness: Eighty Days in Antarctica
(London: Hutchinson, 1991), S. 187

Ein Leben in Freiheit / Sklaverei an den neuen Grenzen

Für diejenigen, die siedeln, einmarschieren, sich widersetzen oder arbeiten wollen, werden sich mit dem Rückgang der kalten Wüsten neue Möglichkeiten ergeben. Wer wird diese neuen Länder bevölkern? Reale Landschaften und die Terrains des sozialen Kampfes bestimmen, was wir für möglich halten, und dadurch unsere Handlungen. Im Nordamerika des 19. und frühen 20. Jahrhunderts wurde der Individualanarchismus (besonders der von Henry David Thoreau) unmittelbar von der Idee und der Existenz von Grenzen, und damit verbunden den realen Möglichkeiten ein gewisses Maß an Autonomie und Selbstversorgung aufzubauen, bestimmt – zugegebenermaßen auf gestohlenem Land! Im eng bevölkerten Europa jener Zeit gab es weniger ›außerhalb‹ und so wendeten sich viele Individualanarchist*innen, trotz starker Strömungen mit ökologischen und anti-zivilisatorischen Perspektiven, dem Bankraub, Aufständen, Attentaten und der Kunst zu. Wir können davon ausgehen, dass die Erschließung neuer Länder innerhalb Europas und Nordamerikas bedeutenden Einfluss sowohl auf jene haben wird , die aus der Zivilisation aussteigen wollen, als auch auf jene, die sie ausbreiten wollen. Es wird viele Möglichkeiten für Leben in Freiheit an den neuen Außengrenzen geben, obwohl Aussteiger, Banditen und Gesetzlose vielleicht selbst die Grundlage für eine weitere ›Gentrifizierung‹ der Wildnis legen werden.

Einige Tausend erblühende anarchistische Siedlungen sind eine schöne Vorstellung. Vorherrschend werden allerdings eher Arbeitslager und Großfarmen sein – angesiedelt irgendwo zwischen Dubais modernen Gulags und den Landbau- und Viehzucht-Kolonien Chinas in Sibirien. In den Vereinigten Arabischen Emiraten leben die migrantischen Arbeiter*innen unter grauenhaften Bedingungen in der Wüste und werden jeden Tag nach Dubai gefahren, um dort die neue Megastadt zu bauen. Sie haben weder Bürgerrechte noch das Recht, über ihre fixe Vertragslaufzeit hinaus, länger zu bleiben. Es gibt keine Ehepartner*innen (und auch kein Recht auf Nachzug oder Heirat), es existieren kaum Familien und auch keine offiziellen Gewerkschaften. Aus Angst vor einer ›indischen demografischen Zeitbombe‹ haben die Herrscher Dubais ein komplexes Quotensystem für Migrant*innen eingeführt, bei dem Migrant*innen aus verschiedenen Ländern geholt werden, um die Arbeiter*innen sozial getrennt halten zu können. In Sibirien überqueren jedes Jahr im Sommer 600.000 chinesische Saisonarbeiter*innen die Grenze, um auf den neuen Feldern zu arbeiten.[112]

Es wird also Leben in Sklaverei ebenso wie Leben in Freiheit an den neuen Außengrenzen geben – und mit der Verschlechterung der Aussichten im Großteil der wärmer werdenden Welt werden viele, durch das Versprechen harter Währung geblendet, die Ausbeutung wählen. Leser*innen mit anarchosyndikalistischen Tendenzen könnten die auffallende Ähnlichkeit solcher Situationen zu den Holzfäller*innen und Minenarbeiter*innen-Camps, die das Kampfgebiet der Wobblies waren, bemerken. Die IWW war die einzige Arbeiter*innen-Organisation, die zu Beginn des 20. Jahrhunderts Erfolg bei der Organisierung des migrantischen Lumpenproletariats verschiedener Nationalitäten in den USA hatte. Kulturell gespalten und ohne die Möglichkeit, Zuflucht in legalen Gewerkschaften oder anderen Organen der Sozialdemokratie zu finden, könnte militanter informeller Syndikalismus im Neuen Norden entstehen, vielleicht sogar ein anarchistisch geprägter.

Die Parallelen zwischen den alten und neuen Außengrenzen werden vom Klimaforscher Lawrence C. Smith gut dargestellt:

> » Die Vorstellung vom Neuen Norden ähnelt vermutlich jener von Amerika 1803, direkt nach dem Kauf Louisianas durch Frankreich. Amerika beinhaltete ebenfalls Städte voller Migranten aus fernen Ländern und unbewohnbare Außengrenzen, fernab der urbanen Kerngebiete. Seine Wüsten waren genau wie die arktische Tundra rau, gefährlich und ökologisch fragil. Es hatte ebenfalls reiche Rohstoffvorkommen wie Metalle und Kohlenwasserstoffe. Es war ebenfalls kein leeres Außenland, sondern bereits von indigenen Völkern seit Jahrtausenden bewohnt.«[113]

Obwohl das Ausmaß der Ausbreitung der Zivilisation in den Neuen Norden wie so vieles in der auf Klimawandel bezogenen Zukunftsforschung heutzutage nicht bezifferbar ist, wirkt der Trend an sich unumstritten. An manchen Orten kann sich ihm erfolgreich widersetzt werden. An anderen Orten wird der auf Selbstüberschätzung beruhende Siedlungsbau einfach scheitern. An vielen Orten bringt die Ausweitung an sich jedoch Möglichkeiten für jene, die in den neu erschlossenen oder in den alten, nun wärmeren Welten leben wollen.

Konvergenz und die neuen urbanen Mehrheiten

Lebenserwartung
und Erwartungen des
›modernen Lebens‹

Divergierende
Welten

Überleben
in den Slums

Alte Götter
und neue Himmel

Wildpflanzen in
urbanen Ökosystemen

Lebenserwartung und Erwartungen des ›modernen Lebens‹

2008 erreichte die Menschheit einen Zenit – der Großteil unserer Spezies lebt seitdem in Städten und nicht außerhalb von ihnen. Ich werde nicht einmal versuchen zu erraten wohin genau – außer zu ökologischen Entblößungen[114] – das Wachstum der Städte führen wird. Es könnten glitzernde Glaskuppeln wie in Science-Fiction-Filmen entstehen oder Landschaften, die den verdreckten Gewässern des gegenwärtigen Makoko[115] oder den vom Dschungel überwucherten Straßen der Maya-Städte ähneln. Aller Wahrscheinlichkeit nach wird es sich in alle drei Richtungen und in weitere entwickeln. Einige vermuten, dass keine*r die aktuelle Situation genau erkennt und deshalb Spekulationen über,die zukünftige Entwicklung sinnlos sind. Mike Davis schreibt dazu:

» Sehr große Städte – diejenigen mit einem globalen, nicht nur regionalen, ökologischen Fußabdruck – sind dadurch im mehrfachen Sinne dramatischstes Endprodukt der menschlichen kulturellen Evolution im Holozän. Wahrscheinlich sollten sie das dringlichste und umfassendste Subjekt wissenschaftlicher Forschung sein. Wir wissen mehr über die Ökologie des Regenwaldes als über die Stadtökologie.«[116]

Die Änderungsrate ist atemberaubend. Nehmen wir zum Beispiel Megastädte mit mehr als 10 Millionen Einwohner*innen. Während es 1900 keine einzige gab, gab es in der Mitte der 1970er drei Megastädte, und von da an bis 2007 wuchs die Zahl auf neunzehn, bis 2025 wird erwartet, dass es 27 solcher Städte geben wird. Das bedeutet einen Anstieg von 3 auf 27 in circa 50 Jahren. Insgesamt sind die Städte in der sich schnell entwickelnden Welt seit den Anfängen der 1990er um 3 Millionen Einwohner*innen pro Woche gewachsen.[117] Das ist grob vergleichbar mit der Erschaffung einer neuen Stadt in der Größe von Bristol, Bratislava oder Oakland – *und das jeden Tag.*[118] Vorläufig sieht es danach aus, dass die urbane Mehrheit weiter anwachsen wird, da die Menschen weiterhin von Zwängen betroffen sind, die sie von der Landwirtschaft wegziehen, und in Richtung der Freiheiten und Unfreiheiten der Metropolen drängen.

Während sich die Schere zwischen den weltweit finanziell Reichsten und Ärmsten immer weiter öffnet,zeigen UN-Statistiken nichtsdestotrotz unglaubliche Veränderungen bei einem Großteil der Weltbevölkerung. Veränderungen in den Lebensbedingungen, die oftmals in den Paradigmenwechseln der Aktivist*innen in der ›entwickelten‹ Welt keine Berücksichtigung finden. Wie Hans Rosling herausstellt, wird die Welt oftmals noch wie folgt aufgeteilt:

» Sie sagten: ›Die Welt ist noch immer in *wir* und *die anderen* aufgeteilt. Und *wir* sind die westliche Welt und *die anderen* sind die Dritte Welt.‹ ›Und was verstehen Sie unter der westlichen Welt?‹, fragte ich. ›Langes Leben und kleine Familien, und die Dritte Welt steht für kurzes Leben und große Familien.‹«[119]

So ein grob vereinfachtes Bild verwischte oftmals Unterschiede in Bezug auf Klasse, Kultur und Religion, beinhaltete aber auch ein Körnchen Wahrheit. Das ist nun vorbei. Die weltweiten Veränderungen hinsichtlich der Lebenserwartung und der Familiengröße sind nur die offensichtlichsten Änderungen. Sie gehen einher mit einem Wandel im allgemeinen Gesundheitszustand (sowohl positiv als auch negativ)[120], Familienplanungsprogrammen und einer steigenden Kommerzialisierung der sozialen Beziehungen. Dennoch hält sich in einer Welt, in der genauso viele Menschen durch Autounfälle wie durch Malaria sterben[121], das alte Bild hartnäckig.

Besonders in den wachsenden Städten können solche gravierenden sozialen Veränderungen (wie der Anstieg der Lebenserwartung) gemeinsam mit von den Medien angetriebenen Mythen über den (nicht-) Amerikanischen Traum zu unrealistischen Erwartungen an das ›moderne Leben‹ führen. Solche Erwartungen ermutigen zur Anpassung und zur Unterwerfung, obwohl unvermeidbare Klassenkonflikte und die Unfähigkeit ›des Systems‹, das Glücksversprechen einzulösen, gleichzeitig zu immer größerer Wut in der Bevölkerung führen. Positiv zu vermerken ist, dass die verlängerte Lebenserwartung vielen Leuten immerhin die Möglichkeit gibt, Liebe zu erfahren – allerdings auch soziale Entwurzelung und die sich vergrößernde Kluft zwischen den Klassen.

Divergierende Welten

Jene, die in diesen Wandlungen eine Entwicklung sehen, welche die Spezies auf eine magische Weise auf das Niveau des Westens hebt[122], täuschen sich und das nicht nicht einmal nur wegen der realen Grenzen, die durch den Klimawandel, Ressourcenknappheit usw. entstehen. Zunächst einmal gibt es die begründete Annahme, dass selbst wenn diese Entwicklungen exakt so einträfen, die ländliche Bevölkerung Mitte des Jahrhunderts[123] immer noch aus drei Milliarden Menschen bestünde. Viele dieser Bauern, ebenso wie viele Stadtbewohnerinnen, werden wahrscheinlich in stagnierenden Ökonomien leben, ähnlich den Ländern, die heutzutage die ›unterste Milliarde‹ stellen. Zusätzlich wird der Großteil dieser sich zuletzt annähernden Bevölkerungsgruppen vermutlich in Ländern leben, die gemeinhin als gescheiterte Staaten bezeichnet werden. Es ist unwahrscheinlich, dass diese Länder ›wachsen‹ werden, nicht zuletzt dank der zusätzlichen Beschränkungen durch den Aufstieg (oder etwas genauer: die Wiederkehr) der globalen Machtzentren Indien und China.[124]

Wie schon zuvor dargestellt[125], bringen diese »großen Inseln des Chaos«[126] (Paul Collier, ehemaliger Direktor der Weltbank) sowohl positive als auch negative Möglichkeiten mit sich – zumindest aus *meiner* anarchistischen Perspektive. Es scheint wahrscheinlich, dass wir statt einer globalen Angleichung eher eine kontinuierliche Entstehung radikal auseinandergehender Welten sehen werden – sowohl zwischen als auch innerhalb von Nationen.

Zusätzlich können überraschende Umkehrungen in den Entwicklungen, zum Beispiel im Bereich der Gesundheit, für Überraschungen sorgen. Ein Blick auf die unvorhergesehene AIDS-Epidemie in Afrika oder die dramatisch angestiegenen Todeszahlen von Männern im Russland der 1990er Jahre sollte ausreichen. In der Medizin und in der Elite der Stadtplaner*innen gibt es eine nicht unbegründete, weit verbreitete Angst, dass die aktuellen Megastädte und die Nahrungsmittelproduktion zu perfekten Inkubatoren für Pandemien von ungeahnter Grausamkeit werden könnten.

Eine nutzbare (aber dennoch vereinfachte und daher falsche) Zusammenfassung könnte sein, dass die Menschen in den lange industrialisierten

Ländern dazu tendieren, sich eine einzige Dritte Welt vorzustellen, die wesentlich weniger industrialisiert ist, als sie in Wirklichkeit ist. Die Menschen in den Entwicklungsländern des Südens sehen ihre Zukunft hingegen wesentlich rosiger und vorbestimmter, als sie vermutlich ist. Und jene Bevölkerungsteile, die aus einer realistischen Perspektive ökonomisch am Boden liegen, werden in der nahen und mittleren Zukunft auch weiterhin dort liegen, nur vermutlich in einer weniger gastfreundlichen Umgebung. Am ehesten lässt sich festhalten, dass die ungleichen Anpassungstrends der Lebenszustände im Großteil der ›entwickelten‹ Welt erst einmal anhalten werden (wenn auch nicht universell); dass es keine festen Ziele gibt und die Fahrt durchaus holprig wird – nicht zuletzt aufgrund der Rivalität unter den Herrschenden. Die von mir beschriebenen Entwicklungen bringen simultan einen großen Teil der – nicht jedoch die gesamte – Menschheit zusammen, obwohl sie zahllose Spaltungen erzeugen. In den wie immer fröhlichen Worten des US-Geheimdienstes werden diese Entwicklungen – genau wie sie Angleichungen erzeugen werden – »zu einer potenziell gespalteneren und konflikthafteren Welt führen«.[127]

Überleben in den Slums

Logischerweise sind verschiedene Orte von Natur aus unterschiedlich, in den aufkeimenden Metropolen sind die Slums allerdings fast so etwas wie eine Konstante. Es leben bereits mindestens eine Milliarde Menschen in ihnen, eine Zahl von der erwartet wird, dass sie in zwei Jahrzehnten auf 2 Milliarden und bis zur Mitte des Jahrhunderts auf 3 Milliarden angestiegen sein wird. Das würde bedeuten, dass einer von drei Menschen[128] in informellen urbanen Gebieten – in Hütten, Zelten, unter Wellblechdächern, in Mietkasernen, zwischen Müll – leben würde. In vielen Ländern stellen die Slum-Bewohner*innen bereits jetzt den Großteil der Stadtbewohner*innen. 99.4% in Äthiopien und Tschad, 98.5% in Afghanistan und 92% in Nepal. Mit 10 bis 12 Millionen Besetzer*innen und Mietkasernen-Bewohner*innen ist Bombay die globale Slum-Hauptstadt, gefolgt von Mexiko City und Dhaka mit je 9 bis 10 Millionen sowie Lagos, Kairo, Kinshasa-Brazzaville, Sao Paulo, Shanghai und Delhi mit jeweils 6–8 Millionen.[129]

Die erste Nacht, die ich in einem besetzten Viertel in der ›Dritten Welt‹ verbrachte, fühlte ich mich überraschenderweise wie zu Hause, wie vermutlich jede, die einmal an Besetzungen (speziell Land-Besetzungen) im globalen Norden beteiligt war. Die zusammengepfuschte Elektrizität, das Gefühl von Verbundenheit, der Dreck und die Hunde überall. Wenn das gelbe, hell-leuchtende M ein Hinweis auf die Anwesenheit der kommerziellen Globalisierung darstellen kann, dann können Unterkünfte, die aus ausgeblichener, blauer Plastikplane und Paletten gebaut sind, ebensolche globalen Hinweise darstellen – dafür, dass du nun die Welt der Besetzer*innen betrittst. Wenn du aufwachst, weil Hühner über dein Gesicht spazieren, ist die Wahrscheinlichkeit sehr groß , dass du in der ›Dritten Welt‹ aufgewacht bist, nichtsdestotrotz ist mir genau das auch schon in Süd-London passiert…

Die Familie, bei der ich wohnte, war sehr liebenswert und die Gassen rundherum waren vollgestopft mit Energie, Kreativität und Widerstandsfähigkeit, ich *fühlte* mich wirklich wie in einer Temporär Autonomen Zone.

Ein Großteil der Erfahrungen, die ich in dieser Community gemacht habe, machten mich auf seltsame Art stolz darauf, ein Mensch zu sein. Jene unter uns, die in der Autonomie, in Informalität, Selbsthilfe und Klassenkampf Lösungen sehen, können leicht in die Falle tappen und in den Slums das sehen, was sie sehen wollen. Versteht mich nicht falsch – all diese Mechanismen sind dort, darüber hinaus allerdings auch in unterschiedlichem Ausmaß all die üblichen Klassenspaltungen sowie eine verstärkte Unterdrückung der unteren Klassen. Nur weil es ein Slum – vielleicht sogar eine besetzte Siedlung – ist, bedeutet es noch lange nicht, dass es keine Vermieter*innen gibt. Diese Untergliederung fängt meist auf der untersten Ebene damit an, dass alteingesessene Bewohner*innen Dächer oder Zimmer an Neuankömmlinge vermieten. Mike Davis stellt es (in seinem besonders bezaubernden und offen schockierenden Buch *Planet der Slums*) so dar: »Es ist die wichtigste Möglichkeit der städtischen Armen, ihren (formellen oder informellen) Besitz zu Geld zu machen – oft allerdings indem sie die noch Ärmeren ausbeuten.«[130] Andere – von Gangstern über Stadtentwicklerinnen, Politikerinnen, Juntas bis zur Mittelklasse – mischen ebenfalls mit. In den Slums von Nairobi zum Beispiel werden viele, die mit der Miete im

Rückstand sind (oft reicht ein einziger Tag), dem Terror der Vermieter*innen und ihrer Schergen ausgesetzt. Sie tauchen auf, beschlagnahmen die mageren Besitztümer, werfen sie raus – und das ist noch nicht das schlimmste. Solche Vemieter*innen werden in Kenia schlicht als ›Wabenzi‹ bezeichnet – diejenigen, die genug Geld haben, um einen Mercedes Benz zu kaufen.[131]

Wenn wir nun sagen können, wo ein Großteil der wachsenden urbanen Bevölkerung leben wird, was können wir darüber sagen, was sie machen, wo sie arbeiten und wohin sie sich entwickeln werden? Offensichtlich sind die Antworten äußerst vielfältig, und ich werde nicht so tun, als ob ich sie geben könnte. Was ich sagen kann, ist, dass viele Slum-Bewohner*innen als ›im Übergang‹ (in transition) begriffen werden können und sich selbst auch so begreifen. Im Übergang vom Land zur Stadt. Vom Geflüchteten zum Arbeiter. Vom Enteigneten zum Besitzer. Von der Slumbewohnerin irgendwo anders hin.

Diese Geschichte ist so alt wie der Kapitalismus. Kleinbauern und Landarbeiterinnen werden enteignet und enden in den Slums der Städte. Im Westen folgte ein Horror dem nächsten, bis nach fast einem Jahrhundert der Revolutionen, die in Frankreich 1848 auflebten und in Spanien 1938 starben, schlussendlich der Industriearbeiter[132] produziert wurde. Diese Aufstände wurden zumeist von den auf gewisse Weise den heutigen ähnelnden Klassen ›im Übergang‹ getragen, die im Prozess, in dem sie proletarisiert wurden, in einer »weder industriellen noch ländlichen Gesellschaft, sondern in dem angespannten, fast elektrisierendem Kraftfeld von beiden«[133] lebten. Während die große Geschichte der Entwicklung der Klassen im frühen Kapitalismus vermeintlich bekannt ist, sind die Geschichten von heute noch nicht geschrieben, und es sollte nicht angenommen werden, dass sie dasselbe ›Ende‹ nehmen.

Obwohl viele in den Slums bereits in der Lohnsklaverei gelandet sind oder dort noch landen werden, überleben die Allermeisten dort in der sogenannten ›informellen‹ Wirtschaft . Einem Sektor, der in vielen Städten (gemessen an der Zahl menschlicher Gefangener) wesentlich größer ist als die formelle Ökonomie. Hier bilden sich potenziell explosive, riesige Klassen aus, die sich *nirgendwo hin entwickeln* werden, die für den kapitalistischen Bedarf überflüssig sind. »Ein Proletariat ohne Fabriken, Werkstätten und Arbeit, und ohne Bosse, im Wirrwarr der Gelegenheitsjobs, das verzweifelt versucht zu überleben, auf einem Weg, der über glühende Kohlen führt.«[134]

Aufgrund mangelnder Sanitäreinrichtungen, Wasserversorgung und Abwasserkanäle sind zwei der aktuell größten Probleme der Slumbewohner*innen Wasserknappheit und die Ausbreitung von Krankheiten. Selbst ohne das massive Eintreten des Klimawandels ist die Zahl der Großkatastrophen in urbanen Gegenden rasend schnell angestiegen – ein Großteil davon durch Stürme und Fluten.[135] Ohne Gullideckel scheint das zukünftige Wegspülen von besetzten Siedlungen unvermeidbar, besonders da diese oft in den am stärksten von Fluten bedrohten Gegenden liegen. Die regenerative Kraft solcher Communitys ist unglaublich, wir können aber davon ausgehen, dass kommende Fluten wahrscheinlich soziale Krisen und Instabilität verschärfen.

Alte Götter und neue Himmel

Die mit Abstand unangenehmste Erfahrung, die ich in zuvor erwähnter besetzter Nachbarschaft gemacht habe, war der Besuch eines sonntäglichen Gottesdienstes. Ich hatte es hinbekommen, mich vor anderen Einladungen zu drücken, aber diesmal gab es kein Entkommen. Die Kirche war das größte Gebäude der Nachbarschaft und ebenfalls größtenteils aus Altmaterial gebaut. Ich war ernsthaft erschüttert, als ich viele der Leute, mit denen ich meine Zeit verbracht hatte, dabei sah, wie sie religiöse Irrationalität ausdrückten, hirnverbrannte Rituale inszenierten und sich der Autorität des Priesters, Gott und der heiligen Schrift unterwarfen. Die Kirche hatte einige Tapes mit geistlichen Liedern von einer Glaubensgemeinschaft der Pfingstbewegung aus den USA bekommen und so saß ich zwischen Hunderten Besetzer*innen, die, obwohl englisch nicht ihre erste Sprache war, amerikanische geistliche Lieder mit pseudo-amerikanischem Akzent sangen. In der Tat gab es in der Hauptstadt des Landes, in dem ich war, keinen einzigen Buchladen (die allesamt der Kirche gehörten), der irgendetwas im Angebot hatte, das die Evolution erwähnte, geschweige denn von anarchistischer Revolution sprach. Für jene unter uns, die aus Gesellschaften mit einem hohen Anteil an Atheist*innen kommen, ist es einfach, das Ausmaß, in welchem im globalen Süden Religiosität mit Industrialismus gemischt wird, zu unterschätzen. Zumindest unter den Armen rücken beide oft gemeinsam vor.

Vieles an radikaler Politik ist Religion mit anderen Mitteln, aber in den Slums und unter den Enteigneten generell werden die alten Götter immer größer. Obwohl sich Sekten im Grad ihrer Gottergebenheit oder ihrer Militanz vielleicht unterscheiden, teilen sie doch alle eine Unwirklichkeit, die den Geknechteten in wahrhaft verwirrenden Zeiten auf der Suche nach einem Weg sicher nicht helfen wird. Die generelle Kritik der Religion wurde bereits woanders[136] gut dargelegt, also werde ich mir das sparen. Es ist allerdings wichtig anzumerken, dass für westliche Anarchist*innen die bestorganisierten ›Konkurrent*innen‹ innerhalb der eigenen Klasse andere politische Gruppen sind – für viele Anarchist*innen der 'Dritten Welt' hingegen sind es die stärker werdenden Gruppierungen der Theokratie. Das gilt selbstverständlich nur für Regionen, in denen es überhaupt Anarchist*innen gibt, und das sind – trotz wachsender Zahl – nicht viele. Im Gegensatz dazu sieht es so aus, als würden religiöse Autoritäre überall neue Anhänger*innen finden, und generell scheint größere soziale Entwurzelung auch bessere Rekrutierungsbedingungen herzustellen.[137] Im vierten Kapitel (Afrikanische Wege zur Anarchie) haben wir die Ausbreitung nicht-staatlicher sozialer Fürsorge angesichts des Rückzugs der Regierungen von ihren Aufgaben – zum Teil aufgrund von Strukturanpassungsprogrammen und ähnlichem – betrachtet. Neben dem ganzen Schmerz, den diese Vorgänge offensichtlich auslösen, wies ich auf die Möglichkeiten hin, die diese für libertäre soziale Kräfte darstellen. Leider ziehen in den Slums von Kinshasa bis Gaza besonders religiöse Autoritäre Vorteile aus diesem Potenzial, um duale oder multiple Macht aufzubauen. Dies geschieht durch das Zur-Verfügung-Stellen von medizinischen und sonstigen Versorgungsleistungen und geht oft mit dem Aufbau bewaffneter Einheiten einher. Das schreckliche Erbe linker Fehler und Erfolge hat das Feld in den Slums und den ›großen Inseln des Chaos‹ nun für den Aufstieg millenaristischer, theokratischer Autoritäten geöffnet.

Während ein Großteil der Armen unter höllischen Bedingungen lebt und seinen Glauben in das Millennium oder das Jenseits steckt, leben die Eliten und die Mittelklasse vermehrt in beschützten Himmeln, die nach den geschlossenen Wohnanlagen in den Vorstädten der USA modelliert werden. Mike Davis behauptet, dass sie ›Off-Worlds‹ (angelehnt an *Blade*

Runner) fernab der unordentlichen und gefährlichen Welten der Enteigneten, konstruieren (oder genauer: für sich konstruieren ließen). Obwohl einige dieser ›Off-Worlds‹ so weit von all den Armen entfernt liegen, sind sie dennoch erreichbar. Wie im Südafrika unter der Apartheid (oder in diesem Fall auch dem heutigen Südafrika) brauchen diese Himmel immer noch Arbeiter*innen – Reinigungskräfte, Gärtnerinnen, Fahrer und Security-Leute –, von denen viele aus den umliegenden Höllen kommen. Wie die vergifteten Oligarchen Haitis[138] berichten könnten, ist es trotz der ganzen Überwachung nicht so sicher, wie es aussieht.

In solch gespaltenen Welten – und solch gespaltenen Städten – sind Aufstände und ganz allgemein Konflikte immer möglich. Militärstrategen sagen bereits seit Jahrzehnten Aufstände und Guerilla-Kriege in den schwelenden Städten voraus, und in einem gewissen Ausmaß können wir sie bereits beobachten, wie zum Beispiel die Kämpfe in der Stadt der Revolution / Sadr City. Die Kombination aus beispiellosen Einkommensunterschieden, Mangel, enormer Bevölkerungsdichte und der Verbreitung krimineller Gangs und millenaristischer Gruppen ist eine explosive Mischung. In einem Report eines Think Tanks der US Army wird es folgendermaßen dargestellt:

» Charakteristische Eigenschaften der größten oder sogenannten ›Weltstädte‹ (...) sind unter anderem eine ausgeprägte ökonomische und soziale Polarisation und eine starke räumliche Trennung. Wir können ebenfalls etwas vorfinden, was vielleicht ein Effekt dieser Bedingungen ist – das weite Spektrum an antistaatlichen Akteuren. Anarchisten, Kriminelle, die Enteigneten, ausländische Eindringlinge, zynische Opportunisten, Wahnsinnige, Revolutionäre, Arbeiterführer, ethnische Nationalisten ... und weitere könnten Zweckbündnisse eingehen. Sie könnten ebenfalls Gewaltakte ausführen und Ideen verbreiten, die andere provozieren... Analysen, die sich auf einen Einzelstrang in der Entstehung der Gewalt fokussieren – die sich also auf ethnische Rivalität, Mafiaorganisationen oder revolutionäre Kader beschränken – ‚unterschätzen die zerstörerische Macht, die diese Phänomene erlangen, wenn sie gleichzeitig auftreten. Störungen werden nicht als einzelne Soldaten auftreten; sie werden in Bataillonen kommen.«[139]

Zum einen bereitet sich das Militär (und die Militärpolizei) darauf vor und zum anderen kämpfen sie bereits in Konflikten in den neuen, nicht kartografierten, urbanen Dschungeln. Wenn Städte jedoch einzig und allein negativ für Regierungen wären, hätten diese selbstverständlich nicht Tausende Jahre lang ihren Bau angeordnet. Es hat Gründe, warum Staaten ihre Subjekte oft gern konzentrieren. Der bekannteste moderne Versuch, militärisch eine Urbanisierung durchzuführen, war jener der US-Army in Vietnam. Ihre Niederlage sollte uns nicht darüber hinwegtäuschen, dass sie versuchten, den ›Sumpf auszutrocknen‹ und so die Vietcong ihrer Deckung zu berauben Es gibt zahlreiche Beispiele dafür, wie die Slums Aufstände verhindern. Charles Onyango-Obbo berichtet:

» Im Falle Kenias sind die Slums – trotz all ihrer Risiken – dennoch ein stabilisierender Faktor. Der Druck, der durch die große Landenteignung durch die Kolonialisten, die auch nach der Unabhängigkeit weiterging, entstand, wurde zum Teil durch die Slums von Nairobi aufgesogen... Ohne sie hätte es vielleicht einen zweiten Mau-Mau-Aufstand gegeben.«[140]

Wildpflanzen in urbanen Ökosystemen

Obwohl sie Werkzeuge der Domestikation sind, gibt es, wie fast überall, auch Möglichkeiten für Wildheit in den Städten. Ihre Stellung als exklusives Terrain der Macht ist eine verallgemeinernde Illusion, selbst wenn sie durch gewaltvolle Tatsachen gestützt wird. Kein Ort ist vollkommen zivilisiert. Zunächst einmal kann eine urbane Umgebung, wie der zuvor zitierte US-Army-Theoretiker sagt, »individuelle Anonymität bieten, ein Faktor der für den Anarchisten von großem Nutzen sein kann«.[141] In den letzten zwei Jahrzehnten tauchte in vielen der Weltstädte eine ›dritte Welle‹ von Anarchist*innen auf: in Manila, Jakarta, Mexiko Stadt, Lagos, Seoul, Buenos Aires, Istanbul, Delhi und vielen anderen, mit einem spürbaren Anstieg besonders in Lateinamerika. Dort sieht es so aus, als könnten wir den Anfang des Wiedererblühens verschiedener transnationaler Anarchismen beobachten – etwas, das die Bewegung vor einem Jahrhundert charakterisierte.[142] Dies geschieht *als Teil* der Globalisierung, und durch das Wachstum der Städte ist es nicht überraschend, dass sich die Samen des Anarchismus *der sozialen Bewegungen* in den Wellen des Kapitalismus weit über den Planeten verbreiten und er besonders dort, auf zerrüttetem Grund, wie Unkraut, am besten aufblüht. Richard Mabey schreibt, dass die Zivilisation das Leben aufteilt in:

» ...zwei begrifflich unterschiedliche Lager: einmal jene Organismen, die zum Wohle der Menschheit kontrolliert, gemanagt und zugrichtet werden; und in jene ›wilden‹, die weiterhin in ihren eigenen Territorien unter ihren (mehr oder weniger) eigenen Bedingungen leben. Unkraut entsteht, wenn diese ordentliche Bereichsbildung zusammenbricht. Das Wilde bricht in unsere zivilisierten Domänen ein und das Domestizierte flieht und läuft Amok.«[143]

Zuvor haben wir bestehende, wenn auch belagerte, Anarchien betrachtet, die weiterhin ihr Leben »in ihren eigenen Territorien unter ihren (mehr oder weniger) eigenen Bedingungen leben«. Obwohl die meisten von uns – zum Vorteil anderer – von Geburt an »kontrolliert, gemanagt und zugerichtet‹ wurden, sind oft auch Fluchtmöglichkeiten in den Städten vorhanden. Es gibt Risse im Asphalt und unser Wachstum kann sie weiter aufbrechen. An den meisten Orten werden wir den Beton nicht voll und ganz zerstören können, wir können jedoch mehr Platz schaffen, um gemeinsam zu wachsen.

Auf gewisse Weise sind Wildpflanzen ›auf der anderen Seite‹: ihr Dasein steht im Gegensatz zu jenem der Stadt, aber dennoch sind sie gleichzeitig Teil des umfassenden urbanen Ökosystems. Sie als isoliert zu betrachten, ohne ihre impliziten Verbindungen und Interaktionen mit der größeren Gemeinschaft, wäre idiotisch. Das gleiche lässt sich über jene von uns mit wilden Ambitionen sagen – als urbane Anarchist*innen sind wir sowohl bewusst ›anders‹ als auch gleichzeitig verwickelt in das umfassendere Ökosystem, sowohl in das menschliche als auch darüber hinaus. Anarchist*innen in der ganzen urbanen Welt arbeiten an ihren Gegenkulturen, während sie aktiv an umfassenderen sozialen und ökologischen Kämpfen mit und neben streikenden Arbeiter*innen, Indigenen, Frauenorganisationen, Geflüchteten, Slum-Communitys und zahllosen weiteren teilnehmen. Wie dem auch sei, mensch muss nur auf die kürzlichen Repressionsschläge gegen Anarchist*innen in Chile und anderen Ländern blicken, um sich daran zu erinnern, dass es gefährlich ist ›Unkraut in den Rissen‹ zu sein – das Unkraut-Ex steht immer bereit. Praktische internationale Solidarität ist manchmal hilfreich, aber vorrangig entscheiden die Vitalität der Pflanze sowie eine geeignete Umgebung darüber, ob sie sich festsetzen kann. Falls das schnelle und größtenteils ungeplante Wachstum der Städte im globalen Süden fruchtbarer Boden für das Wachstum von Anarchie ist (so wie es viele Theoretiker*innen der Herrschenden fürchten), dann wird das Zeitalter der Megastädte tatsächlich interessant. Welche Rebellionen sind zu erwarten? Was für Ideologien werden ausgeheckt? Wie werden sich die Menschen fühlen und selber sehen nach dieser gigantischen Loslösung vom Land? Werden all diese Städte bis zum Ende des Jahrhunderts bestehen bleiben oder sind sie nur eine Übergangserscheinung?

»Dennoch: Lang lebe das Unkraut und die Wildnis!«[144] Wir haben einen kurzen Blick auf das Wachstum der urbanen Monokulturen geworfen, was ist aber mit dem Gegenpart, der belagerten, artenreichen Wildnis? Wie werden der Klimawandel, Konflikte, die Ausweitung und der Rückgang der Zivilisation sie beeinflussen? Was können wir, das Unkraut, tun, um die Wildnis zu verteidigen?

Naturschutz im Wandel

Apocalypses now

›Naturschutz ist unsere Regierung‹

Schadensbegrenzung

Die Natur hat das letzte Wort

Apocalypses now

Solange die Klassengesellschaft existiert, wird der Krieg gegen das Wilde weitergehen – das eine bedingt das andere. Die idealistische Antwort auf die Frage ›Was können wir, das Unkraut, tun, um die Wildnis zu verteidigen?‹, die am Ende des letzten Kapitels gestellt wurde, wäre: die Orte, an denen wir leben, (und auch wir selber) sollten wieder ›wild‹ werden, bis die falschen Trennungen der Zivilisation überwuchert sind. Ich schreibe idealistisch, da es (nicht nur) wegen der bereits dargestellten Gründe unwahrscheinlich ist, dass ein ökologischer Umsturz kommen wird.

Auch wenn das Millennium ein Mythos ist, so fühlt es sich doch so an, als würden sich Apokalypsen überall auf der Welt verbreiten. Eine weit verbreitete und verständliche Angst ist, dass der Regenwald durch vom Klimawandel induzierte Dürren[145] aussterben wird, de facto wird allerdings bereits heute der Großteil für Landwirtschaft – immer noch der größte Antriebsmotor für tropische Abholzung – abgeholzt und gerodet. Die Landwirtschaft hat die Wildnis bereits jetzt auf 40% der Landoberfläche[146] der Erde ausgelöscht. Für die Tiere, Insekten, Menschen und Pflanzen, die ausgelöscht wurden, ist die Apokalypse also bereits geschehen. Dazu kommt die allgemeine Kaperung von Ökosystemfunktionen und die andauernde Plünderung der wilden Landschaften auf der Jagd nach Tieren, Baumstämmen, Wasser, Bodenschatzen und nach allem anderen, das zu einer ›natürlichen Ressource‹ gemacht werden kann. So versucht die industrielle Zivilisation im Grunde auf eine nachhaltige, blinde und stark schädigende Weise das Erdsystem zu übernehmen. Als Teil dieses Prozesses wirkt der anthropogene Klimawandel vermutlich wie ein Kraftverstärker.

» Ein Teil der Zerstörung von Habitaten ist deren Fragmentierung, ein Faktor, der speziell durch den Klimawandel problematisch wird. Das Problem der invasiven und gebietsfremden Spezies, welches durch nicht-natürliche Störungen begünstigt wird, wird durch den Klimawandel ebenfalls größer ... Die Auswirkungen des Klimawandels in einer so stark fragmentierten Welt könnten immens sein.«[147]

Wie immens? Kein*r weiß es so wirklich, obwohl viele daran arbeiten, es herauszufinden.[148] Obwohl es große Ungewissheit über die Details gibt, würden sich die meisten Naturschutzbiolog*innen wohl auf Folgendes einigen können: »Wenn nicht umgehend gehandelt wird, wird es zum Sechsten Großen Massenaussterben durch immer stärker fragmentierte Habitate und durch die aus dem Klimawandel resultierenden biologischen Dynamiken kommen.«[149] Einige gehen aber noch weiter. Wie es Stephen M. Meyer in *The End of the Wild* herausgearbeitet hat, liegt die Aussterberate – und das ohne, dass ein wirklich signifikanter Klimawandel bereits eingetreten ist – bereits bei 3.000 Spezies pro Jahr und sie steigt rapide an. Die Situation ist tatsächlich düster.

» So ungefähr in den nächsten 100 Jahren wird mindestens die Hälfte der Spezies der Erde, ein Viertel des genetischen Bestandes, funktionell oder komplett verschwinden... Nichts – keine nationalen oder internationalen Gesetze, globalen Schutzgebiete, ausgeklügelten lokalen Nachhaltigkeitspläne und auch keine Fantasien über wilde Landstriche – kann den jetzigen Kurs umkehren. Die grobe Richtung der biologischen Evolution ist nun für die nächsten Millionen Jahre festgelegt. Auf gewisse Weise ist die Krise des Aussterbens – das Rennen zur Rettung der Komposition, Struktur und Organisation biologischer Vielfalt wie sie heute besteht – zu Ende und wir haben verloren.«[150]

Ich weiß nicht, wie es dir geht, aber als ich das erste Mal den letzten Satz gelesen habe, war ich schockiert und es lohnt sich, ihn mehrmals zu lesen. »Auf gewisse Weise ist die Krise des Aussterbens – das Rennen zur Rettung der Komposition, Struktur und Organisation biologischer Vielfalt wie sie heute besteht – zu Ende und wir haben verloren.« Meyers Grundposition ist, dass sich die *undomestizierten* Spezies im Anthropozän entweder in invasive Spezies oder in Relikt-Spezies, die (im besten Fall) immer schneller zu Geistern werden, aufspalten.

Invasive Spezies »wachsen in kontinuierlich gestörten, von Menschen dominierten Umgebungen«, während Relikt-Spezies »an den Rändern in immer schwindender Anzahl und zusammenziehender räumlicher

Verteilung« leben. »Relikt-Spezies wachsen nicht in von Menschen dominierten Umgebungen – die nun fast den gesamten Planeten bedecken.« Meyer behauptet: »Um außerhalb von Zoos zu überleben, brauchen Relikte unsere permanente und direkte Verwaltung.« Die Relikte, die vom Naturschutz nicht beachtet werden und sogar viele von denen, die beachtet werden, werden, falls sie nicht direkt aussterben, in die Reihen der Geister-Spezies eintreten. Diese Spezies sind »Organismen, die nicht auf einem Planeten mit Milliarden Menschen überleben werden – aufgrund ihrer Fähigkeiten und unserer Entscheidungen. Sie sind Geister, denn obwohl es heute so aussieht, als gäb es es massenweise von ihnen und als ob sie auch de facto noch Jahrzehnte überdauern würden, ist ihr Aussterben doch gewiss. Abgesehen von einigen Exemplaren in Zoos oder als DNA-Proben, die in Laboren archiviert werden.«[151]

» Ein großer Teil der Tiere und Pflanzen, die wir momentan als gesund und im Überschuss vorhanden wahrnehmen, sind de facto Relikte oder Geister. Dieser scheinbare Widerspruch lässt sich dadurch erklären, dass der Artenschwund kein einfacher, linearer Prozess ist. Zwischen dem Beginn des Rückgangs und dem beobachtbaren Kollaps einer Population können Jahrzehnte vergehen, besonders dort, wo relativ lang bis lang lebende Lebensformen involviert sind. Naturschutzbiologen verwenden den Begriff ›Aussterbeschuld‹, um die Kluft zwischen Erscheinung und Realität zu beschreiben. Im vergangenen Jahrhundert haben wir eine riesige Aussterbeschuld angehäuft, die im kommenden Jahrhundert bezahlt werden wird. Die Anzahl an Pflanzen und Tieren wird spiralförmig abwärts gehen, wenn die Aussterbeschuld fällig wird.«[152]

›Naturschutz ist unsere Regierung‹

Welche Strategien entwickeln also Naturschützer*innen, um Biodiversität, Wildnis und Ökosystemfunktionen inmitten des Klimawandels zu schützen? Die immer noch geläufigste Antwort sind Schutzgebiete[153], allerdings mit einem größeren Schutz der sie umgebenden Matrix und unter Beachtung von Wandlungen, und mit steigender interventionistischer Leitung. Selbstverständlich wird das Aufstellen eines Park-Schildes auf einem Habitat nicht automatisch zu dessen Schutz führen; in einer immer enger bevölkerten Welt ist das sogar schon fast Werbung. Wie es Meyer ausdrückt: »Ökoreservate sind zu den bevorzugten Jagdgebieten von Wilderern und Wildfleischhändlern geworden – es sind schließlich die Gebiete, in denen es immer noch Tiere gibt.«[154] Während die Plünderung vorrangig darin besteht, dass die Menschen Wild essen, ist bereits der Punkt erreicht, an dem Konflikte zwischen Spezies sich in die andere Richtung drehen. »In Mumbai haben sich die Slumbewohner so weit in den Sanjay-Gandhi-Nationalpark vorgewagt, dass immer wieder Menschen von Leoparden gefressen werden (allein zehn im Juni 2004): Eine wütende Raubkatze griff sogar einen Stadtbus an.«[155]

Versuche, die intrinsische Spaltung ›zivilisierter Mensch vs. wilder Natur‹ durch Naturschutz-als-Entwicklung-Projekte, Ökotourismus (mit der Schaffung von Einkommensquellen für die Gemeinschaften) und ähnlichem zu überwinden, konnten einige, wenn auch nicht viele, Erfolge vorweisen. Oftmals haben sie lediglich die bestehenden Beziehungen zum Boden monetarisiert, Feindseligkeiten geschürt und eine weitere Schicht der Bürokratie über der lokalen Bevölkerung errichtet – und das mit geringen Vorteilen für den Naturschutz.[156] Erfolgreicher war, auch wenn es schrecklich ist, das zuzugeben, das großflächige Abzäunen von Landschaften – manchmal verbunden mit Räumungen[157] – und das kontinuierliche Patrouillieren von Park Rangern. Auch wenn mensch mal die eigene Ethik für einen Moment zur Seite legt, scheint dieses ›Yellowstone-Modell‹ immer weniger ausführbar, wenn nicht starke Ressourcen investiert werden, eine steigende Militarisierung stattfindet und die eingezogene Landfläche nicht anwächst. In einem Großteil der Welt ist nichts davon sonderlich wahrscheinlich.

Beide großen Ideen des Naturschutzes – Parks und Naturschutz-als-Entwicklung-Projekte – sind praktisch Regierungsformen, die von der Annahme ausgehen, dass von einer dynamischen menschlichen Bevölkerung eine ökologische Bedrohung ausgeht. Auf einer klimaveränderten Erde, deren Ökosysteme selbst in Bewegung sind (sie waren das schon immer, nur nicht so schnell), ist die offensichtliche Reaktion aus einer Mainstream-Naturschutz-Perspektive das Ausweiten des Regierens auf menschliche Systeme in der landschaftlichen Matrix *außerhalb* der Schutzgebiete und das Management von Ökosystemen *innerhalb* der Schutzgebiete. Umfassende ›Managementstrategien müssen wahrscheinlich innovativer und eingreifender sein«.[158]

Wir haben bereits eine gewisse Ahnung davon, wie das aussehen wird – ein Blick auf die unglaublich interventionistische Art des Großteils des britischen Naturschutzes reicht dafür aus. Die Bioregion, in der ich lebe, ist im Rahmen des gemäßigten Europas biodivers – allerdings ist sie straff gemanagt, zum Teil von Naturschützer*innen. Angesichts der Fragmentierung der existierenden Habitate wäre es vermutlich katastrophal, wenn solch ein Management eingestellt werden würde.[159] Tatsächlich ist es in meiner Bioregion lächerlich, zwischen wildem (d.h. eigenwilligem) Land und Biodiversität zu unterscheiden. Aus einer radikalen Umweltschutzperspektive (erst recht einer mit einem Bewusstsein von Insel–Biogeografie) bestünde die Lösung in der Abkehr vom menschlichen Management des Habitats und das auf einer Fläche, die groß genug ist, damit die Ökosysteme tatsächlich funktionieren könnten. Realistisch gesehen, sieht es allerdings gerade so aus, dass ein Großteil der Wildnis der Welt immer mehr meiner Bioregion als dass meine Bioregion der Wildnis der Welt ähneln wird.

Es gibt wahrscheinlich viel Arbeit für die Manager*innen des Naturschutzes, die Lust auf das endlose Sich-Einmischen haben. Dabei handelt es sich allerdings nicht um Naturschutz im Sinne Aldo Leopolds. Selbst wenn eine solch massive Ausweitung des Regierens durch Naturschützer*innen realisiert wird (was zweifelhaft ist), wird die Biodiversität »derart [beeinflusst werden], das es nicht mehr zu managen ist«[160], wenn der Klimawandel nicht drastisch verlangsamt wird (was meiner Meinung nach nicht in nächster Zeit passieren wird).

Vor einigen Jahren erzählte mir ein alter Freund und Gefährte traurig, dass die Welt in den nächsten 1.000 Jahren gemanagt werden muss. In mancher Hinsicht hatte er vermutlich recht; der Trick des Regierens war schon immer, Probleme zu erschaffen, für die dann nur die Regierung die Lösung sein kann. Obwohl ich die Wirksamkeit bezweifele, werde ich keine*n verurteilen, der aufgrund biozentrischer Leidenschaft diesen Weg wählt. Dennoch bleiben für jene, die nicht von ihren Grundüberzeugungen über Freiheit / Wildheit / Anarchie abkehren wollen, andere Optionen – wenn auch wenige – übrig.

Schadensbegrenzung

» Aktion, jede Art von Aktion. Lasst unsere Aktionen die Feinheiten unserer Philosophie sein... Auf diesem Planeten, auf dieser Erde, entsteht eine Gesellschaft von Krieger*innen, Frauen und Männern, die die Speere in den Boden rammen und Stellung beziehen... Unser Job ist Schadensbegrenzung.« – Dave Forman[161]

Es gibt immer noch Orte und Menschen, die noch nicht von der Zivilisation erobert wurden. Genau dort und mit ihnen ist es möglich, Fronten zu bilden und an Kämpfen teilzunehmen. Verstreute ökologische Widerstände rund um den Planeten waren oft inspirierend und effektiv.

Unterschiedliche Leute haben unterschiedliche Systeme, um Prioritäten zu setzen und zu entscheiden, wo sie ihre Speere aufstellen, unter ihnen die gewöhnlichsten und einfachsten: Was kann ich erreichen und wo liebe ich es zu sein? Für viele werden die Antworten auf die Frage nach dem *wo* und *wie* der Verteidigung des Wilden offensichtlich, die lokalen Agenten der Zerstörung deutlich, Communitys wachgerüttelt, Orte für Besetzungen verfügbar, Zeug zum zerstören ersichtlich sein. Dann geht es einfach darum zu handeln.

Allerdings haben viele wilde Ökosysteme (und die sie bewohnenden nicht-zivilisierten Menschen) wenige bis keine Verbündete, und viele potenzielle Krieger*innen leben wiederum an Orten, an denen es kaum Wildnis zu verteidigen gibt, und wenn dann mit geringen Erfolgsaussichten. Angesichts der Ausmaße der Angriffe auf das Erdsystem / Gaia / Mutter Erde sollte nach eigener Prioritätensetzung vermehrte Aufmerksamkeit auf bestimmte Gebiete gelegt werden.[162] Und darüber hinaus wird es Menschen geben, die sich entscheiden, andere Terrains zu suchen, sei es aufgrund starker persönlicher Sehnsüchte nach Wildnis, oder weil sie auf der Suche nach Abenteuern, Fluchtmöglichkeiten oder kämpfenden Gemeinschaften bzw. Konflikten sind. Mit dem Ziel, bei solchen Entscheidungen zu helfen, versuche ich im Folgenden einige Vorteile herauszuarbeiten, die sich ergeben, wenn wir akzeptieren, dass die Situation vermutlich wirklich so schlimm ist, wie sie scheint. Aufgrund der beschissenen Lage scheint es hilfreich, Nachteile in Vorteile zu verwandeln.

Vorteil – Wir sind wenige und die Probleme sind groß

Der erste Nachteil, der umgekehrt werden kann, ist der einfache Fakt, dass nicht viele Leute willens sind, an der Verteidigung der Wildnis teilzunehmen, noch weniger sind libertär und sogar noch weniger davon sind in der Lage, weit zu reisen oder Zeit und Ressourcen in Solidaritätsaktionen oder Fundraising zu stecken. Wenn wir dies mit der Größe des globalen Problems und der Anzahl und Unterschiedlichkeit der Kämpfe in Beziehung setzen, entsteht ein offensichtlicher *Vorteil*. Die Probleme übersteigen bei Weitem die Zahl jener, die sich mit ihnen beschäftigen wollen. Dementsprechend sollten wir uns lediglich auf die Kämpfe konzentrieren, in denen wir unsere Ethik am deutlichsten wiederfinden. Wir können uns den Großteil der unübersichtlichen Situationen, von denen es im Naturschutz zahlreiche gibt, aufheben, bis wir die Kämpfe, die keine signifikanten Widersprüche für uns bedeuten, abgearbeitet haben. Das wird wahrscheinlich niemals passieren.

Vorteil – Die Zivilisation ist verantwortlich für Genozid und Umweltzerstörung

Einige indigene Gemeinschaften verteidigen – angetrieben durch ein tiefsitzendes Landbewusstsein –, bereitwillig die biodiversen wilden Gemeinschaften (von denen sie ein Teil sind) gegen unsere Entwicklungen. Andere werden regelrecht dazu gezwungen, weil irgendwelche Staaten sie, berechtigt oder oder nicht, als Hindernisse für Entwicklungen ansehen oder weil diese schlichtweg ihr Habitat zerstören wollen, um sich neue menschliche Subjekte, andere ›natürliche Ressourcen‹ oder schlicht Land einzuverleiben. So oder so stellt die mörderische Natur der Zivilisation auf diese Weise ungewollt sicher, dass der Widerstand minoritärer indigener Gemeinschaften von den Bergen Orissas bis in den Amazonas oftmals die beste Verteidigung auch von Ökosystemen darstellt. Solidarität und gemeinsame Kämpfe mit diesen Gemeinschaften sind oftmals die erfolgversprechendsten Strategien für biozentristische Libertäre. Gleichzeitig erfordern sie meistens die wenigsten Kompromisse .

Vorteil – Die Budgets für Naturschutz sind im Großteil der Welt winzig

Es ist nicht gerade untypisch, dass die Kaufkraft des Gehaltes eines Forstbeamten (ein Posten, für den mensch studieren muss) in Uganda in gerade einmal 25 Jahren um 99,6% gesunken ist.[163] In solchen Situationen verursachen schon geringe Mengen Geld von außerhalb, an den richtigen Stellen eingebracht, signifikante Unterschiede. Auf den Galapagos Inseln hat es *Sea Shepherd* durch finanzielle Mittel, Equipment und technischen Support der Parkarbeiter*innen geschafft, Einfluss zu erlangen und den Umweltschutz zu stärken. Zuvor hatten die Parkarbeiter*innen sowohl mit der Gleichgültigkeit der Bevölkerung als auch mit Unterfinanzierung vonseiten des Staates zu kämpfen. Letzteres diente dem Zweck, sie von der von Politiker*innen gedeckten, mafiös organisierten Industriefischerei fernzuhalten.[164] In einigen der weltweit wichtigsten Schutzgebiete leiden die Ranger unter der mangelnden Unterstützung von außen, sind schlecht bewaffnet und haben deutliche Verluste zu beklagen. Ein Beispiel: in etwas mehr als 10 Jahren wurden 158 kongolesische Ranger, die die Lebensräume der Berg-Gorillas verteidigen, getötet. Kleine Geldsummen – nicht zuletzt um die hinterbliebenen Familien zu unterstützen – machen hier einen realen Unterschied und sorgen für das nachhaltige Überleben von Projekten und Gemeinschaften.[165]

Vorteil – Viele Leute sind rassistisch

Viele Leute außerhalb des ›Westens‹ glauben, dass *alle* aus dem ›Westen‹ – besonders (aber nicht nur) diejenigen mit dem Privileg des Weißseins – über ökonomische / politische Macht verfügen, die sie in Wahrheit oft aber gar nicht haben. Diese Illusion (so bedauerlich sie aus anti-imperialistischer Perspektive ist) kann sehr nützlich sein. Zum Beispiel war der Gefängnisbesuch bei dem Waldschützer Raul Zapatos durch eine Gruppe britischer Öko-Anarchist*innen, die auf einer Solidaritäts-Reise durch die Philippinen waren, kombiniert mit ein wenig ›internationalem Druck‹ einer der wesentlichen Faktoren, die zu seiner Freilassung führten.[166] Es ließen sich einige weitere Beispiele erfolgreicher Solidarität in anderen ökologisch wichtigen Regionen aufzählen. Menschen, die in wilden Gegenden Zuflucht gefunden haben und diese verteidigen wollen, können Ethnizität und indigene Mythen[167] nutzen und konstruieren, um damit schützende Landrechte zu erlangen, um leidenschaftlichen Support von außerhalb zu mobilisieren und um ein schützendes Bild aufzubauen – je nach Nützlichkeit, entweder das der ›friedlichen Weisen‹ oder der ›brutalen Barbaren‹.

Vorteil – Nicht-Staatliche Kräfte verursachen ebenfalls Naturzerstörung

Viele Angriffe auf die Natur gehen von Kräften aus, die, wenn auch in keinem Fall libertär, nichtsdestotrotz außerhalb des die jeweiligen Gegenden *auf dem Papier* kontrollierenden Staates oder ihm sogar gegnerisch gegenüber stehen. Naturschützer*innen aus dem gleichförmig kontrollierten Westen erwarten oftmals von Regierungen, dass sie ›ihr‹ Territorium kontrollieren und sind sprachlos, wenn diese dazu nicht willens oder in der Lage sind. Statt den Staat in solchen Situationen zu stärken (wie es Naturschützer*innen schon oft gemacht haben), könnten in manchen Situationen jene, die die militante Verteidigung dieser Communitys unterstützen wollen, dies direkt, ›legal‹ und relativ offen tun. Wie die Erfahrung der kürzlich gescheiterten *Green Army* von Bruce Hayse (Earth First!-Mitbegründer) in der Zentralafrikanischen Republik zeigt [siehe Kasten weiter unten], kann es dabei jedoch viele Tücken und Probleme geben. Möglichkeiten bleiben aber bestehen. Sogar noch direkter – d.h. größtenteils ohne Regierungsbeteiligung – hat es Sea Sherperd geschafft, sich als als ›Marke‹ zu etablieren und den Umweltschutz in internationalen Gewässern durchzusetzen. Die relative Rechtsfreiheit in internationalen Gewässern erlaubte ihnen, Mittel zur Verteidigung der Natur zu wählen, die anderswo (und mit weniger schlauem Marketing) als strafbare Sabotage, Diebstahl und Nötigung ausgelegt werden würden.

Vorteil – Die Globalisierung breitet sich aus

Als Teil der Globalisierung tauchen immer mehr urbane Bewegungs-Anarchist*innen in Landstrichen auf, die von Staaten wie Indonesien, Chile, den Philippinen oder Russland beansprucht werden. Viele von ihnen sind gut platziert und in der Lage, sich in ökologischen Widerständen zu engagieren, Solidarität mit indigenen Gemeinschaften zu leben und zudem Leuten von außerhalb dabei zu helfen, diese Kämpfe zu unterstützen.

Vorteil – Fragmentierte Habitate sind vielleicht nicht in der Lage, Biodiversität zu erhalten

Es ist allgemein anerkannt, dass »durch den Klimawandel selbst die am besten gestalteten Schutzgebiet-Systeme keine biologische Diversität erhalten können, falls sie vorrangig aus isolierten Einheiten bestehen«.[168] In seinen vorher dargestellten Ausführungen geht Meyers davon aus, dass Fantasien über wilde Landstriche kaum den biologischen Zusammenbruch aufhalten werden. Obwohl das wahrscheinlich wahr ist, wollen doch viele de facto daran glauben, und das eröffnet vielleicht an einigen Orten Möglichkeiten für großflächiges re-wilding[169], das irgendwie der Regeneration der Wildnis ähnelt, die jahrzehntelang von radikalen Umweltschützer*innen gefordert wurde. Kleinere ökologische Wiederherstellungsprojekte[170] scheinen sich ebenfalls im Wachstum zu befinden.

Mensch kann die Situation nun wirklich nicht viel schlimmer machen – und durch die eigenen Aktionen kann mensch einen spürbaren Beitrag im Kampf für Wildnis und Freiheit leisten.

An der Schadenskontrolle lässt sich offensichtlich kritisieren, dass sie mehr die Symptome als die Ursachen behandelt. Die Diagnose des Übels ist eindeutig, es wäre allerdings verblendet zu glauben, mensch habe (oder sei auf ominöse Weise) das Heilmittel. Wie auch immer die Prognosen aussehen, es macht immer noch Sinn, sich der Ausbreitung dieser Krankheit zu widersetzen. Und wenn eines sicher ist, dann das der Klimawandel dies noch verdeutlicht. Das Verlangsamen der Zerstörung der Wildnis (etwas, das Lovelock als »verschwindendes Gesicht Gaias«[171] bezeichnet) könnte es dem Erdsystem ermöglichen, besser mit der andauernden anthropogenen Freisetzung von Kohlendioxid umzugehen – ein signifikant hoher Prozentsatz davon stammt, und es ist wichtig daran zu erinnern, von der Abholzung der Wälder. Damit will ich nicht sagen, dass die Verteidigung von Habitaten den Klimawandel stoppen könnte. Ob es dir gefällt oder nicht: der Klimawandel ist nun vermutlich der Kontext, unter welchem ökologische Kämpfe stattfinden, und nicht die Sache, gegen die mensch kämpfen könnte.

Die Natur hat das letzte Wort

In Osteuropa entwickelt sich eine faszinierende Wildnis voller Elche und Wölfe. Über den Bäumen und Weiden des Roten Waldes kreisen Uhus, während Biber Dämme in den Flüssen und Sümpfen bauen. Dieses Gebiet ist praktisch zu Europas größtem Schutzgebiet geworden, in welchem Schlingpflanzen die Gebäude erklimmen, Luchse über verlassene Felder rennen und Kiefern schon vor Langem durch den Asphalt gebrochen sind. Willkommen im Sperrgebiet von Tschernobyl. Nach der Katastrophe 1986 wurden über 120.000 Menschen aus der Gegend evakuiert – von denen die meisten nie wiederkommen sollten. Im Herzen dieser Zone liegt die ehemals 50.000 Einwohner*innen zählende Stadt Pripyat, die nun zwar – bis auf einige wenige Besetzer*innen – verlassen, aber dennoch keinesfalls eine Geisterstadt ist. »Pripyat kehrte, direkt nachdem es von den Menschen verlassen wurde, zur Natur zurück und es gab niemanden, der sie trimmte, stutzte oder Unkraut jätete.«[172]

Die unglaubliche Macht der Natur, nach Katastrophen neu zu erwachsen und zu erblühen, wird sowohl durch früheres Massenaussterben als auch durch ihre Fähigkeit, von der Zivilisation vernarbte Landstriche zu heilen, belegt. Ihre wahre Macht wird von jenen, die von ihrer gegenwärtigen Existenz profitieren oder mittels des Versuches, ihre Zukunft zu planen, Profite generieren wollen, kaum je in ihr asphaltiertes, anthropozentrisches Denken einbezogen. Obwohl die Arbeitsweise des Erdsystem sowohl destruktiv als auch großzügig funktioniert, ist es kein bewusster Gott, der ein Interesse daran hat, uns oder den jetzigen Zustand zu schützen – etwas, das wir nun vielleicht herausfinden werden, wenn die Erde in einen wesentlich heißeren Zustand eintritt. Mit oder ohne uns, »obwohl der Klassenkampf barbarisch ist, kann es nur einen Gewinner geben: die Wildnis«.[173] Auf eine gewisse Weise liegt etwas Tröstliches in diesem Gedanken, aber dennoch sollten wir nicht nach solchen ›Siegen‹ suchen (wie christliche Fundamentalist*innen nach ihrer ›Entrückung‹). Weder die in Vergessenheit geratenen Spezies noch wir selber werden wieder von den Toten auferstehen. Nichtsdestotrotz hat die Natur das letzte Wort.

Das Yellowstone-Modell

Yellowstone war der erste ›Nationalpark‹ der Welt und wurde 1872 von der US-amerikanischen Regierung gegründet. Da er inmitten der von Genozid begleiteten Ausbreitung der USA gegründet wurde, ist es wenig überraschend, dass die Vision eines Erholungsparks nicht die indigene Bevölkerung einschloss, und so wurden die ansässigen Jägerinnen und Sammler, die Tukudika, kurz nach der Erklärung des Gebietes zum Park vertrieben. Dieses neue Modell der Wildnis, bei dem ein Stück Land zum Großteil als Erholungsgebiet für ›die Nation‹ bereitgestellt wurde, verbunden mit der Vertreibung der lokalen Bevölkerung, ist zur Blaupause für Nationalparks weltweit geworden. Ironischerweise war der Erste, der ›Nationalparks‹ forderte, der Maler George Catlin. Dieser lebte gemeinsam mit Indigenen an oder hinter den Grenzen des Westens und hatte ein altes (zu jener Zeit aber gebräuchliches) Verständnis von Wildnis, welches auch jene menschlichen Communitys umfasste, die außerhalb der Herrschaft der Zivilisation lebten. 1832 wetterte er gegen die Auslöschung der Büffel und die Bedrohung der Existenz der ›First Nations‹ und forderte einen »Park der Nation«, in dem »Mensch und Tier in all der Wildheit und Frische ihrer natürlichen Schönheit« leben könnten. Im Gegensatz dazu wurde die Wildnis-Vision der US-Regierung, welche die wilden (anarchistischen) Teile der Menschheit ausklammerte, weltweit exportiert und oftmals als Mittel staatlicher Eingliederung und Domestizierung verwendet. Dennoch sollte dieses Wissen über das Yellowstone-Modell nicht darüber hinwegtäuschen, dass solche Nationalparks in Sachen Umweltschutz (von nichtmenschlichem Wildleben) signifikante Erfolge vorweisen können. Der Yellowstone Nationalpark ist zum Beispiel das Herz des *Größeren Yellowstone-Ökosystems* – welches vermutlich das größte, relativ intakte Ökosystem in der nördlichen Hemisphäre darstellt.

Mehr über die frühe Zeit der Nationalparks und des Kolonialismus:

Mark David Spence,
Dispossessing the Wilderness: Indian Removal and the Making of the National Parks
(Oxford: Oxford University Press, 2000)

Die Green Army von Bruce Hayse

Der Mitbegründer von Earth First!, Bruce Hayse, (zudem Doktor der Medizin) wurde von belagerten Communitys der Zentralafrikanischen Republik gebeten, ihnen in ihrem Widerstand gegen bis zu 200 Leute umfassende Gruppen von schwerbewaffneten sudanesischen Wilderern zu helfen. Diese griffen Dörfer an und dezimierten Elefanten, Büffel und Nilpferde. Die Communitys hatten zwar ›Naturschutz- und Selbstverteidigungs-Einheiten‹ gebildet, da sie aber kaum mehr als Giftpfeile hatten, waren sie kurz davor, den Kampf zu verlieren. Hayse gründete eine Gruppe mit dem Ziel, die lokale Bevölkerung besser zu bewaffnen und zu trainieren und außerdem die Gesundheitsversorgung zu verbessern. Aufgrund folgender Probleme scheiterte das Projekt schließlich: Finanzprobleme (Hayse und ein Mitbegründer investierten 350.000 Dollar von ihrem Privatvermögen), nationale politische Veränderungen (ein Militärputsch) und eine ›interessante‹ Mitarbeiterwahl (vor Ort wurde das Projekt anscheinend von einem weißen, aus Südafrika stammenden, ehemaligen Executive Outcomes-Söldner – ja, das sind die aus Bougainville berühmten EO – geleitet, der ein offensichtliches Nebeninteresse an Diamantenvorkommen hatte). Siehe auch:

Andrew Wasley, *›A Green Army‹*,
in *The Ecologist,* **1. Juni 2008.**

Tomy Clynes *'They shoot proachers, don't they?'*,
International Reporting Project – John Hopkins University

'Africa's Deadliest Conservationist',
in *National Geographic*, **Jan/Feb 2002**

Anarchist*innen hinter den Mauern

Sozialer Krieg
im gemäßigtem Klima

Überwachungsstaaten
und Sicherheitskultur

So viel Widerstand und
so wenig Gehorsam
wie möglich

Liebe, Gesundheit
und Aufstand

Sozialer Krieg im gemäßigtem Klima

James Lovelock schreibt, dass »in der vorhergesagten Klimakatastrophe nichts Geringeres auf dem Spiel steht als die Zivilisation«[174]

Ich bin da leider weniger optimistisch. In der einen oder anderen Form wird Zivilisation weiter bestehen, zumindest in vielen Regionen. Es ist kein Zufall, dass die erste Zivilisation, die sich global verbreitet hat, aus dem gemäßigten Europa stammt. Viele andere Zivilisationen haben Imperien errichtet, bloß um ihre Umwelt zu zerstören und wieder zusammenzubrechen. Das gemäßigte ozeanische Klima ermöglichte der Zivilisation Westeuropas jedoch eine größere Fehlertoleranz, sodass sie ihren regionalen Wurzeln entkommen und einen Großteil der Erde verschlingen konnte. Genau wie andere Zivilisationen hinterlässt sie Wüsten in ihren Fußstapfen – doch durch globale Reichweite und gemäßigte Ursprünge befinden sich die physischen Wüsten größtenteils irgendwo anders. So werden einige der historisch verantwortlichen Länder für die Erwärmung der Erde deren drastischen Auswirkungen am wenigsten zu spüren bekommen – zumindest nicht direkt.

Während die großen kapitalistischen Kernländer, die mehrere Klimazonen umspannen (Australien, USA, Russland), vielleicht direkte Störungen[175] erfahren werden, können die Menschen in den gemäßigten Zonen – besonders in Ländern am Meer oder im Gebirge – mit einem zwar erhitzten, aber dennoch *relativ* ruhigen, Klima rechnen, welches nur von einigen Extremereignissen[176] durchbrochen wird. Davon gehen die zumindest die meisten Klima-Modelle aus. Die Vorhersagen für das Klima entsprechen somit im Großen und Ganzen denen für den ›Sozialen Krieg‹[177]: aufgeheizt, dennoch *relativ* ruhig und von Extremereignissen durchbrochen. Relativ in Bezug auf die Situation überall anders auf einem stark aufgeheizten und konfliktvollen Planeten, NICHT in Bezug auf die klimatische und soziale Situation heute. In den mediterranen Ländern wird es wahrscheinlich im doppelten Sinne wesentlich heißer werden. Und dies könnte dazu führen, dass es in der Region, die Europol bereits jetzt als »mediterranes Dreieck anarchistischer Gewalt«[178] bezeichnet, noch mehr Anarchist*innen geben wird. Im Allgemeinen müssen gemäßigte Binnenländer, die in der Mitte von Kontinenten liegen, mit wesentlich heißeren Sommern rechnen, für einige sagt Lovelock sogar den Zusammenbruch der existierenden Landwirtschaftsformen voraus.

Im Film *Children of Men* scheinen die Länder weltweit in Hungersnöten, Aufständen, Bürgerkriegen, Epidemien und ›Natur‹-Katastrophen zu versinken. Währenddessen ›marschiert‹ Großbritannien weiter mit einem banalen, autoritären System, in dem die meisten Menschen weiterhin die ihnen zugeschriebenen Klassenrollen erfüllen und täglich zur Arbeit gehen, während um sie herum die Welt anscheinend implodiert. Eine riesige Zahl Geflüchteter unterschiedlicher Herkunft wird in ein Mega-Ghetto am Meer gesperrt... Diese Darstellung könnte ein Bild aus der Zukunft sein und das nicht nur für die Britischen Inseln, sondern für viele gemäßigte Länder, besonders diejenigen Staaten – wie zum Beispiel Neuseeland, Tasmanien und so weiter –, die durch den Ozean begrenzt sind (dies lindert Klimaextreme und vereinfacht die Grenzkontrolle). Obwohl meiner Vermutung nach Konformität und soziale Nachahmung die Norm bleiben werden, werden immer autoritärere Zustände und die ökonomischen Effekte der globalen Delokalisation zeitweilig spektakuläre Ausbrüche des Klassenkampfes befeuern und im weiteren Sinne die Formierung von dissidenten Kulturen befördern – auch wenn diese ›marginal‹ bleiben. Gord Hill von den Kwakwaka'wakw hat es vermutlich richtig erfasst:

» Das Zusammenkommen von Krieg, ökonomischem Niedergang und ökologischer Krise wird in den kommenden Jahren insgesamt zu verschärften sozialen Konflikten innerhalb der imperialistischen Nationen führen. Dieser sich zuspitzende Konflikt wird Veränderungen in den gegenwärtigen sozialen Verhältnissen und erweiterte Möglichkeiten für organisierten Widerstand schaffen. Die Herrschenden sind sich darüber sehr wohl bewusst, und es ist aus diesem Grund, dass staatliche Repression nun als zentrales Mittel sozialer Kontrolle eingesetzt wird (z.B. äußerst ausgebaute Polizei-Militär-Einheiten, neue Anti-Terror-Gesetzte, usw.) [...] Wir befinden uns nun in einer Periode der ›Ruhe vor dem Sturm‹.[179]

Die Position von Gord Hill wird aus staatlicher Perspektive durch die Warnung führender Wissenschaftler*innen gespiegelt, die für 2030 vor eine Verkettung unglücklicher Umstände durch potenzielle Engpässe an Wasser, Nahrung und Energie warnen. Diese könnten zu »größerer Destabilisierung, einem Anstieg an Unruhen und deutlichen Problemen in der internationalen Migration [führen], da immer mehr Leute aufbrechen, um der Nahrungsmittel- oder Wasserknappheit zu entkommen«[180]. Obwohl diese Verkettung vermutlich irgendwo in der Peripherie ihren Ausgangspunkt haben wird, werden die Länder, die stark vom internationalen Handel abhängig sind, (und die in ihnen Gefangenen) auch davon betroffen sein.

Solche Bilder des sozialen Konfliktes sollten nicht den falschen Eindruck vermitteln, dass die kommenden ›Unruhen‹ zu einer Art libertären Veränderung führen würden. Die Vermutung, dass die Zukunft einige Unruhen bringen wird und dass einige davon von zu ›uns‹ kommen werden, lässt nicht gleich auf einen ›allumfassenden‹ Sieg schließen. Vielmehr sind soziale Krisen ein unvermeidbarer Bestandteil von Gesellschaften, die auf Klassen basieren, und die kommenden Bedingungen werden dies lediglich zuspitzen. Außerdem wäre es unklug, den befriedenden Aspekt zu unterschätzen, der mit der Wahrnehmung einhergeht, dass es überall anders ›schlimmer‹ ist. Im dritten Kapitel (Wüstenstürme) wurde dargestellt wie Länder wie zum Beispiel die USA, Großbritannien und andere eventuell zurückfallen in eine »Politik, die zu Isolation führt«. Es wäre naiv zu glauben, dass dies lediglich eine Politik ist, die ausschließlich vom Staat favorisiert wird. In der Tat können wir erwarten, dass durch alle Klassen hinweg ein Ruf nach mehr Grenzen erschallen wird.[181] Im Gegensatz dazu, und manche mögen dies überraschend finden, sieht Lovelock dies etwas optimistischer:

» Den ozeanischen Teilen Nordeuropas, wie zum Beispiel den Britischen Inseln und Skandinavien, bleiben vermutlich die schlimmsten Hitzewellen und Dürren, die die globale Erwärmung bringt, erspart. Dies legt uns eine besondere Verantwortung auf [...] Dem unvorstellbar großen Zustrom von Klimaflüchtlingen eine Zuflucht zu bieten.«[182]

Innerhalb der heutigen legalen Migration findet eine Selektion aufgrund von Klasse (und in einem gewissen Ausmaß auch von *race*) statt, und zukünftig wird sich dies vermutlich noch verschärfen. Kämpfe ums Ganze werden wahrscheinlich nicht viel daran ändern. Wenn sie jedoch auf Individuen fokussiert sind, kann es ohne Zweifel weiterhin große Erfolge geben.

Obwohl diejenigen, die ›hinter den Mauern‹ leben, vermutlich von den größten Konflikten – und Möglichkeiten – abgeschirmt sein werden, ist es doch wahrscheinlich, dass sie dieses Jahrhundert charakterisieren werden – der soziale Krieg ist überall. Dass es keinen offenen Bürger*innenkrieg gibt, ist lediglich ein Zeichen unserer tiefsitzenden Domestizierung – an den meisten Orten reicht deshalb eine sporadische Überwachung seitens des Staates. Hackordnungen existieren nahezu überall und Langeweile, die Schmerzen und Demütigungen der Lohnarbeit sowie unser Ausschluss von der Landgemeinschaft l kennzeichnen das besetzte Terrain, in dem wir leben (und wir sind auch selbst besetzt). Falls wir die falsche Logik des Privatbesitzes missachten und uns Nahrung und Unterkunft nach Bedarf nehmen, riskieren wir, uns mit Sicherheitsdiensten, Gerichtsvollziehern und dem Knast auseinandersetzen zu müssen. Weit weg vom Spektakel summiert sich die Zahl der Klassenopfer: In meinem Land haben die Reichsten durchschnittlich eine 10 Jahre höhere Lebenserwartung als die Ärmsten[183], und die Wahrscheinlichkeit für tödliche Herzkrankheiten – durch sozialen Stress – steigt, je tiefer mensch in der Hierarchie steht.[184] Weltweit sterben mehr Menschen durch Selbstmord als durch Kriege oder zwischenmenschliche Gewalt[185], und das gilt auch für Großbritannien, wo Selbstmord die häufigste Todesursache bei Frauen und Männern im Alter zwischen 15 und 34 ist[186]. Anpassung ist schmerzvoll und traumatisierend, Selbstverletzungen, Missbrauch und Suchterkrankungen grassieren. Wie Raoul Vaneigem schreibt, ist für viele »das bestgehütete Staatsgeheimnis die Misere des Alltags«.[187]

Unsere Leben können schöner, freier und wilder als das alles sein, und als Anarchist*innen geben wir unser Bestes, sie auch dazu zu machen – und das nicht in einem auf ewig verschobenen postrevolutionären Himmel, sondern heute. Obwohl wir Anarchist*innen sind, werden sich viele von uns in einem relativ gemäßigten sozialen Klima befinden, weit entfernt von offenen Konflikten, wie sie außerhalb der Mauern zu sehen sind. Dies bringt sowohl Vorteile als auch Nachteile.

Überwachungsstaaten und Sicherheitskultur

Die Festung wendet sich genauso gegen innen wie gegen außen. Es werden immer mehr neue Überwachungstechnologien eingeführt, legitimiert durch die Angst vor den ›Barbaren‹ – seien das nun Terroristen oder Geflüchtete. Wie in einem dystopischen Science-Fiction fliegen bereits jetzt versteckte Überwachungsdrohnen am Himmel über Großbritannien. Diese wurden ursprünglich eingeführt , um die Meeresgrenzen zu überwachen. Eine öffentliche Legitimation, von der selbst die Polizei zugibt, dass sie nur vorgeschoben war.[188] In vielen Ländern gibt es inzwischen so viele Überwachungskameras (teilweise ausgestattet mit Mikrofonen), dass sie praktisch unsichtbar sind – nicht, weil sie versteckt sind, sondern weil sie so normal geworden sind. Tief eingreifende Technologien der Kontrolle, für die viele sogar selbst bezahlen und sie freiwillig übernehmen, wie zum Beispiel Handys, Computer, Bankkarten und Autokameras (mit Nummernschilderkennung) zeichnen soziale Netzwerke auf, verändern Beziehungen und physische Bewegungen.Neue Kommunikationstechnologien bringen uns neue Sprechweisen.

Wenn diese neuen Technologien mit altmodischer ›menschlicher Intelligenz‹ kombiniert und von Denunziant*innen und Spitzel, die sich in widerständige Communitys einschleusen, genutzt werden, können Staaten und Firmen einen Überblick erreichen, von dem sie vor einem Jahrzehnt nicht einmal träumen konnten. Bislang ist noch nicht abzusehen, ob die Kontrolltechnologien sich dahingehend entwickeln, dass ein Geheimdienst-Staat entsteht, der alle Zusammenhänge kennt und nicht nur Daten über sie sammelt. Auf die bereits bestehenden Kulturen der Opposition ist allerdings bereits jetzt der Blick fokussiert. Traurigerweise tragen wir selber in großem Umfang dazu bei.

» Der Fakt, dass unser tyrannischer Feind seine Macht nicht mehr aus seiner Fähigkeit zieht, Leute zum Schweigen zu bringen, sondern aus seiner Fähigkeit, sie zum Reden zu bringen – d.h. aus dem Fakt, dass er seinen Schwerpunkt von der Beherrschung der Welt zur Beschlagnahmung der Art, in der sich die Welt offenbart, verlegt hat –, erfordert einige taktische Neuerungen.« – *Silence and Beyond, Tiqqun 1*

Eine begrenzte Reaktion wäre, die Nutzung neuer, nahezu universeller Kommunikationstechnologien (wie auch jeden Dialog mit der Macht sowie das Spektakel) aufzugeben. Obwohl dies auch weitere Vorteile mit sich bringen kann, kann es eine*n auch wesentlich stärker ins Rampenlicht rücken. in einer mittelfristigen Zukunftsprognose des englischen Militärs kann mensch dazu Folgendes lesen:

> » Am Ende des Zeitraumes [2036] wird es wahrscheinlich der Großteil der globalen Bevölkerung schwierig finden, ›die Außenwelt auszuschalten‹. IuK [Informations- und Kommunikationstechnologie] werden vermutlich so durchdringend verbreitet sein, dass die Menschen permanent mit einem Netzwerk verbunden sein werden oder sich in einem wechselseitigen Datenfluss befinden. Dazu gehören neue Anforderungen an die Bürgerrechte: nicht verbunden zu sein, könnte als verdächtig gewertet werden.«[189]

Wir bewegen uns schnell in Richtung einer solchen Zukunft. Als eine Antiterror-Einheit der französischen Polizei 2008 in die Landkommune Tarnac einfiel, war eine der öffentlichen Rechtfertigungen für ihren Verdacht, dass sich dort eine Terrorzelle formieren würde, dass nur wenige der Bewohner_innen über Handys verfügten![190]

Nach allgemein anerkannter Ansicht ist der erste Schritt für jene, die die Zukunft verändern wollen, dass sie sich selbst bekannt machen, ihre Stimme hörbar machen sollen – der Macht die Wahrheit erzählen. Dennoch »bestimmt der Zuhörende die Bedingungen und nicht der Sprechende«.[191] Ein großer Teil der niedrigschwelligen Auseinandersetzungen, die den Aktivismus charakterisieren und die eingeschränkten sozialen Räume, die Gegenkulturen ausmachen, markieren Gegenden und Menschen, die aus Sicht der Herrschenden potenziell mehr überwacht werden müssten. Damit möchte ich nicht schreiben, dass Widerstand sinnlos ist (falls bedeutsame, erreichbare Ziele im Hinterkopf bleiben und Taktiken nicht in Ziele verwandelt werden) oder dass wir keine Communitys aufbauen sollten, in denen wir leben und lieben können. Wir sollten jedoch verstehen, dass viele ›subversive‹ Aktionen – und soziale Beziehungen – nicht nur unserem Bedürfnis nach Freiheit dienen, sondern zunehmend auch den Bedürfnissen der

Macht. Es sollten immer die möglichen Vor- und Nachteile abgewogen werden. Wir müssen uns immer die Frage stellen: In welchem Ausmaß kann die geplante Aktion oder Methode der sozialen Beziehung zu einem massiven Datenverlust widerständiger Identitäten führen? Durch immer mächtigere Überwachungsstaaten und die kommenden Stürme wächst unsere Verantwortung uns selbst gegenüber und insbesondere jenen gegenüber, die bislang noch nicht involviert sind.

Auch wenn wir nicht an eine revolutionäre Zukunft glauben, so müssen wir doch, trotz dieses Widerspruchs, im Hier und Jetzt leben (de facto mussten wir das schon immer). Die Bücherregale quellen über vor Bänden über die Geschichte vergangener Kämpfe und Halluzinationen über die post-revolutionäre Zukunft, während überraschend wenig dazu geschrieben wurde, wie Anarchist*innen im (und nicht nach!) dem Kapitalismus leben.[192] Dennoch ist dies genau die Position, in der sich der Großteil von uns in den gemäßigten Regionen befindet und vermutlich auch bleiben wird.

> »Einen Tisch kann man umwerfen und eine Fensterscheibe zertrümmern; aber die sind eitle Wortemacher und gläubige Wortanbeter, die den Staat für so ein Ding oder einen Fetisch halten, den man zertrümmern kann, um ihn zu zerstören. Staat ist ein Verhältnis, ist eine Beziehung zwischen den Menschen, ist eine Art, wie die Menschen sich zueinander verhalten; und man zerstört ihn, indem man andere Beziehungen eingeht, indem man sich anders zueinander verhält.« – *Gustav Landauer*[193]

An vielen Orten ›verhalten wir uns anders zueinander‹, indem wir Liebe und Zusammenarbeit verbreiten UND uns gleichzeitig jenen, die uns beherrschen wollen, widersetzen oder versuchen, uns ihnen zu entziehen. Eine der Stärken der anarchistischen Strömungen war schon immer das Verlangen und der Versuch, seine Ethik im Hier und Jetzt zu leben. Mensch muss nicht an die Vorbildfunktion von Gegenkulturen glauben, um ihren Wert zu erkennen. Schließlich sind in den meisten gemäßigten Gebieten anarchistische Subkulturen zwar nicht »die neuen Impulse für die Zukunft«, aber dennoch bleiben sie »Stützpunkte und Zufluchtsorte der Gegenwart«.[194]

Das ist nichts Neues, und dennoch sieht es wieder einmal so aus, als würden sich diese Ideen (auf ihren eigenen kleinen Wegen) erneut weiterverbreiten. Die klassische Periode des Anarchismus wurde vorrangig von kleinbäuerlichen Aufständen (zum Beispiel Zapata oder die Machno-Bewegung) sowie meist urbanen, anarchistischen »Gegen-Gesellschaften«[195] der Bohéme angetrieben. Von Spanien vor 1936 über die jüdischen Anarchist*innen in Nordamerika, zu den Illegalist*innen in Frankreich bis hin zu den italienischen Anarcho-Syndikalist*innen in Argentinien – die Angehörigen anarchistischer Gegengesellschaften waren immer, schon per Definition, aktive Minderheiten. Diese Minderheiten wuchsen zwar in aufständischen Momenten an, blieben aber immer Minderheiten. Das gleiche lässt sich über libertäre Subkulturen sagen. In absehbarer Zukunft werden Libertäre in gemäßigten Regionen Minderheiten bleiben, selbst wenn anarchistische Möglichkeiten außerhalb der Mauern entstehen. Es gibt vieles, was wir tun können, allerdings können wir nichts an dem Fakt ändern, dass sich die meisten Bürger*innen uns nicht freiwillig und aktiv anschließen werden. Wir werden immer im Inneren und immer dagegen sein, und das könnte immer gefährlicher für *alle* Beteiligten werden.

Ich lebe in einer Gegend mit einer ziemlich großen anarchistischen Subkultur. Ich mag es, mitten unter Leuten zu leben, die in einer Gesellschaft, die ich mir nicht ausgesucht habe, mein Leben schöner machen und mit denen ich mich weiterhin zusammen widersetzen kann. So eine räumliche Ansammlung ist leider wie dafür gemacht, unerwünschte Aufmerksamkeit zu erregen. Wir sollten uns keine Illusionen über unsere Möglichkeiten machen, gleichzeitig offen gegenüber der Welt und dennoch geschlossen gegenüber dem Staat zu sein. Eine ›Security Culture‹ kann allerdings den Schaden minimieren. Am Ende basiert unsere Sicherheit allerdings trotzdem auf der Gesamtgesellschaft und nicht einfach auf einigen Praktiken, die wir in unseren Subkulturen erschaffen haben. Regierungen würden ohne Zweifel wesentlich mehr von uns wegsperren, als sie es bereits tun, aber im Moment, zumindest in vielen Ländern, schützt uns die Angst des Staates, dass größere Repression zu mehr Widerstand und generell zu einem Bruch mit dem illusorischen Glauben an den sozialen Frieden führen könnte.

Gegen-Kulturen brauchen also eigene Sicherheitsmaßnahmen, um zu überleben, die größte Sicherheit liegt allerdings versteckt in der sie umfassenden Kultur.

Wenn wir uns für Interventionen / Kampagnen / Kämpfe oder unsere Lebensorte entscheiden, sollten wir folglich auch bedenken, ob wir uns dort sozial ausbreiten, ob sich unsere Ethik, Sehnsüchte und Bedürfnisse mit der umgebenden Gesellschaft verbinden können. So zu handeln, ist Selbstschutz. Abgesehen von unserem eigenen Schutz bietet es jedoch weitere Vorteile, die Kämpfe auf Grundlage dessen zu wählen, wo die Leute bereits stehen: So können durch die Verbindung von den Anarchien, die wir entstehen lassen, mit bereits existierendem Umweltbewusstsein, sozialen Beziehungen und Zielen von vorherigen Kämpfen, die Ideen der Anarchie wesentlich einfacher verständlich gemacht werden. Colin Ward schrieb dazu:

»Die vielen Jahren, in denen ich versuchte, ein anarchistischer Propagandist zu sein, überzeugten mich davon, dass wir unsere Mitbürger*innen für anarchistische Ideen genau durch das Aufzeigen der gemeinsamen Erfahrungen der informellen, kurzlebigen, selbstorganisierten Netzwerke, die de facto die menschliche Gemeinschaft erst möglich machen, gewinnen können und nicht durch die Zurückweisung der gesamten existierenden Gesellschaft zugunsten irgendeiner zukünftigen Gesellschaft, in der eine irgendwie andere Menschheit in perfekter Harmonie leben wird.«[196]

Die Suche nach anderen Elementen, Verbündeten und im weiteren Sinne kompatiblen sozialen Beziehungen ermöglicht es uns, von ihnen zu lernen, ihnen zu helfen – und andersherum Hilfe zu bekommen. Damit soll nicht gesagt werden, dass wir uns selber verleugnen sollten. Wir sind Anarchist*innen. Unsere Sehnsüchte und unsere aktiven Entscheidungen, als Gemeinschaften und Individuen freier und wilder zu leben, machen unsere Stärken aus. Falsche Einheit mit autoritären sozialen Kräften schwächt uns nur. Auf unsere bescheidene Weise haben wir dort, wo wir existieren, damit angefangen, libertäre, widerständige Gemeinschaften aufzubauen, die Ressourcen ansammeln und gegenseitige Hilfe in den Städten aufbauen, die das Land wieder bewohnen und verteidigen und insgesamt versuchen, Kampfgeist zu fördern. Wir können das wesentlich besser, aber immerhin haben wir angefangen.

Subkulturen sind ein Teil der sie umfassenden Gesellschaft und so ist eine ihrer Eigenschaften, dass ihre Praktiken in die umgebende Kultur einsickern können. Dies geschieht oft auf eine deformierte Weise, aber nicht immer sind die Praktiken komplett von ihren Ethiken und Gefühlen reingewaschen (oder ins Gegenteil verkehrt, was auch passieren kann). So entsetzlich die aktuelle Situation auch ist, sie wäre noch schlimmer, wenn es keinen Widerstand und keine unvorhergesehenen Einflüsse durch Leute, die ein gutes Leben leben wollen, gäbe. Genau wie wir ›die Welt nicht retten werden‹, werden wir auch nicht ›die Zukunft zurückerobern‹; dennoch werden wir ein Teil davon sein.

Wir sind nicht ›die Samen der zukünftigen Gesellschaft in der Schale der alten‹, aber eines der vielen Elemente aus denen sich die Zukunft gestalten wird.

So viel Widerstand und so wenig Gehorsam wie möglich

Wenn Widerstand und Desertion die Herrschenden ernsthaft bedrohen, werden Repression und Konterrevolution unvermeidbar. Eine Möglichkeit, die Bedrohung für die Gegenkulturen zu reduzieren, wäre, ihren Antagonismus zu verschleiern; sie offensichtlich nicht bedrohlich für die Herrschenden zu machen. Der Ratschlag, auszuweichen und sich nicht zu widersetzen, ist schon lange Bestandteil der lebendigen Erinnerung von Anarchien, sowohl innerhalb als auch außerhalb der Zivilisation. Wenn wir einmal die damit verbundenen ethischen Probleme[197] beiseite lassen, ist es heutzutage jedoch so, dass du zwar versuchen kannst, den Staat zu ignorieren, die Chancen allerdings gut stehen, dass er dich nicht ignorieren wird – zumindest wenn du dich auf von ihm kontrollierten Territorium befindest. Die Gemeinschaften auf dem Land, die zu einem gewissen Grad fähig sind, sich selbst zu versorgen, werden sich auch weiterhin mit staatlichen Interventionen auseinandersetzen müssen. Diejenigen, die im Kapitalismus versunken sind, werden jedoch oftmals kaum eine andere Option haben als hart und ohne Widerstand zu arbeiten, um schlimmeren Zeiten und geringeren Löhnen entgehen.

Eine weitere Möglichkeit, die anscheinend viele von uns, explizit oder nicht, wählen, ist es, sich zu widersetzen (bevorzugt in erfolgversprechenden Kampagnen), aber größere soziale Krisen auszusparen und die gesamte Zeit zu versuchen, irgendwie unsichtbar zu sein.

Wenn wir bedenken, wie wir zusammenfinden, macht vieles von dem, was wir bereits tun, einen Sinn, selbst wenn die offenkundigen Begründungen dafür im Sumpf der Erlösungsvisionen stecken bleiben (wie im Kapitel 1 dargestellt). Ironischerweise werden diese praktischen Aktionen manchmal eingestellt, wenn (korrekterweise) realisiert wird, dass sie nicht zur Veränderung der Welt führen werden. Genau wie Gegenkulturen/ Kommunen/ Gemeinschaften nicht die Embryos einer zukünftigen anarchistischen Gesellschaft sind, werden auch direkte Aktionen vermutlich nicht zur Zerstörung des Kapitalismus führen. Dennoch schützten sie einige bedrohte Ökosysteme, helfen vielen von uns und stoppen den weiteren Abbau von Freiheiten. Syndikalismus und Streiks sind vielleicht nicht die ersten Schritte in den Anarcho-Kommunismus, sie können aber das Überleben im Hier und Jetzt verbessern und eine Zeit schaffen, in der es sich besser leben lässt. Riots führen vermutlich nicht zur Revolution, sie sorgen bei vielen aber für einen Bruch mit dem sozialen Bann. Ich würde auf keinen Fall behaupten, dass wir den Todesmarsch der Zivilisation deutlich ausbremsen könnten, die »Waffen der Schwachen«[198] sind jedoch die einzigen, die wir haben, und nicht die, von denen wir vielleicht träumen.

Der fruchtbarste Grund für Widerstand in den letzten 30 Jahren war weder der ›Untergrund‹ noch ›Offenheit‹, sondern der vernetzte Raum zwischen den beiden. Wie bereits zuvor in der Darstellung der ansteigenden Überwachung diskutiert, könnte uns dieser Grund unter den Füßen wegbrechen, unabhängig davon wie wir für oder gegen ihn argumentieren. In widerständigen Kulturen, die oftmals überproportional von Jugendlichen geprägt sind, wird oftmals vergessen, wie schnell Optionen knapp werden. Vor nicht allzu langer Zeit hatte die Polizei keine Riot-Uniformen und musste inmitten eines städtischen Aufstandes die metallenen Deckel von Mülltonnen als improvisierte Rundschilde nutzen. Vor nicht allzu langer Zeit konnten Tierbefreier*innen in Labore einbrechen, ohne von Bewegungsmeldern erwischt zu werden – weil diese noch nicht erfunden waren. Wohltätigkeitsorganisationen konnten offen Geldsammlungen für die medizinische Unterstützung bewaffneter Befreiungsbewegungen im Ausland (SWAPO) betreiben – und das durch den nationalen Studentenbund! Das ist kein Aufruf zur 1980er-Nostalgie! Nach anderen Darstellungen ist heutzutage sogar alles wesentlich besser; allerdings sind einige Wege nun versperrt und in Zukunft werden es noch mehr sein.

In gewissem Ausmaß könnten viele der ohnehin immer schwieriger werdenden direkten Aktionen,, insbesondere die spektakulären, so oder so ohne großen Verlust aussortiert werden. Oftmals ist ihr einziger Zweck, Leuten das Gefühl zu vermitteln, ›Politik zu machen‹[199]. Wie dem auch sei, einige Siege und erfolgreiche Kampagnen haben wirkliche Gewinne gebracht, haben Leute und Orte verteidigt, und das oftmals mit Taktiken, die vermutlich an Funktionsfähigkeit verlieren werden. Was denkt denn in diesem Fall ›die andere Seite‹ über die Zukunft des Widerstandes?

Zu Beginn sollte klargestellt werden, dass wir auf keinen Fall als die einzige – oder sogar als die hauptsächliche – widerstandsfähige soziale Kraft angesehen werden. Unzufriedenheit, Armut, soziale Spaltung, Irrationalität und die Sehnsucht zu kämpfen sind im Übermaß vorhanden und viele in den Eliten haben verstanden, dass das Potenzial für Chaos kaum unter Verschluss zu halten ist. Wie bereits zuvor in der Diskussion über den Aufstieg der Megastädte dargestellt wurde, machen Staatstheoretiker*innen selten den Fehler, ökonomische Verbrechen losgelöst vom allgemeinen Klassenkampf zu sehen. Im strikten ›politischen‹ Sinne wirkten viele Aktivist*innen eher angefressen, als der 11. September und der Aufstieg des islamistischen Terrorismus der ›Bewegung der Bewegungen‹, die ein Jahrzehnt zuvor als die einzige Alternative zum Status Quo angesehen wurde, die Show gestohlen hatte. Der Aufstieg (begrenzt wie er nun einmal ist) von nicht-staatlichen, autoritären Akteuren, seien das nun Al-Quaida-Poser oder rechtsaußen stehende ›Rassenkämpfer‹, zeigt, dass es außerhalb der Mauern viele potenziell aufständische Subkulturen gibt – von denen viele (genau wie der Staat) unsere Feinde sind.

Oberst Thomas X Hammes (US Marine Corps) popularisierte in seinem einflussreichen Buch *The Sling and the Stone* [Die Schleuder und der Stein] die Idee vom Krieg der 4. und 5. Generation. Einige Militärtheoretiker haben schon lange Formen des modernen Konfliktes in verschiedene Generationen aufgeteilt. In den verbreiteten Schemen ist die Erste Generation des Krieges (First Generation War – 1GW) durch das Auftreten riesiger Armeen, gipfelnd in den Napoleonischen Kriegen, charakterisiert. Die Zweite Generation (2GW) ist durch industrialisierte Konflikte wie im Ersten Weltkrieg charakterisiert und die Dritte Generation (3GW) dann durch den Überraschungsangriff (›Blitzkrieg‹), wie er vor allem im Zweiten Weltkrieg angewendet wurde.

Die Vierte Generation (4GW) wurde in Theorie und Praxis von Mao entwickelt und beschreibt unter anderem die Kriege in China, Vietnam, Somalia, Gaza, Irak (nach erfolgreichem Überraschungsangriff im Stile der 3GW) und den sogenannten ›Krieg gegen den Terror‹. Dies ist eine enorm vereinfachte Darstellung des Schemas, aber die Idee sollte nun verständlich sein.

Im Großteil seines Buches erklärt Hammers die Vierte Generation der Kriegsführung (4GW) und stellt heraus, dass dies die Form des Krieges ist, den die USA und ihre Verbündeten führen und auch für eine gewisse Zeit weiterführen werden, und das in dieser Form – zumindest im 20. Jahrhundert – der einzige Krieg stattfand, den sie je verloren haben. Die Staaten des Westens waren meist sehr erfolgreich darin, ›terroristische Zwischenfälle‹ der 4GW innerhalb ihrer Grenzen zu verhindern und dies aus einer Vielzahl von Gründen, von denen nicht der letzte ihre steigende Fähigkeit zur effektiven Überwachung von Netzwerken ist. Hammes hält fest, dass »der Krieg der Vierten Generation über 70 Jahre alt ist und inzwischen seine Reife erreicht hat«. »Während wir gerade anfangen, dies klar zu verstehen, zeigt uns die Geschichte bereits, dass die Fünfte Generation schon angefangen hat, sich zu entwickeln.« Er gibt offen zu, dass es zu früh ist, um sich festzulegen, seine größte Vermutung wäre allerdings, dass 5GW durch »stark ermächtigte Individuen oder kleine Gruppen« ausgeübt wird, die, im Gegensatz zu 4GW, in größere Netzwerke eingebunden und dadurch wesentlich weniger sichtbar sind. Dies gleicht nahezu den Selbstdarstellungen von ALF und ELF – obwohl dies kaum eine Beschreibung der Realität war, wie die erfolgreiche Repression gegen Netzwerke der Tierbefreier*innen in den 80ern bis hin zu der ›Green Scare‹-Repression in den 00ern Jahren zeigte. Ein Stück weit hallt die Idee von Hammes auch in den immer häufigeren Angriffen durch ›einsame Wölfe‹, wider, die aus dem gesamten oppositionellen Spektrum stammen. Hierbei ist es wichtig, darauf hinzuweisen, dass Hammes mit ›stark ermächtigt‹ nicht nur ein Übermaß an Glauben an sich selbst im Sinne Nietzsches meint, sondern besonders den starken Machtzuwachs durch Hochtechnologie[200].

Zuvor haben wir einen Blick auf die Sicht des Militärs auf Aufstände in den Megastädten im Großteil der Welt geworfen, aber jene, die den unterwürfigen Frieden aufrecht erhalten wollen, erinnern sich ebenso an die Aufstände in Los Angeles und rüsten rasant auf, da sie ihre Wiederkehr fürchten. Das Ausmaß apokalyptischen Denkens innerhalb der Eliten (und das Versagen der unterdrückten Klassen eben diesem gerecht zu werden) wurde an den Nachwirkungen des Hurrikans Katrina sehr deutlich. Dennoch gibt es trotz der praktischen Abwesenheit solcher Aufstände Möglichkeiten, in breitere soziale und ökologische Kämpfe zu intervenieren und an ihnen teilzunehmen, und das wird auch zukünftig so sein. So könnte eine Macht von unten aufgebaut, Kampfgeist entwickelt und wichtige Infrastruktur zur Verfügung gestellt werden. Kleinere Auflehnungen sind meist von Erfolg gekrönt, wenn die Bewegung scheinbar aus dem Nichts kommt, aber dennoch von dem Zuspruch und der Erfahrung der angesiedelten und etablierten Communitys des Widerstandes profitiert. Politiker*innen versuchen oftmals, diese Momente künstlich am Leben zu erhalten, diese Impulse haben aber nur eine begrenzte Dauer, und der Staat braucht ebenfalls nicht lange, um sich zu organisieren. Solche Situationen werden zwar nicht die Grundbausteine einer gesamt-libertären Veränderung der Welt sein, dennoch schaffen sie die Möglichkeiten, gelegentliche, reale Klassenerfolge zu erzielen, indem sie Communitys und Ökosysteme verteidigen, Leute absichern, den Leuten ihre eigenen Möglichkeiten verdeutlichen und soziale Banne brechen[201]. Sie können offensichtlich verlustreich sein – sowohl in Bezug auf Repression als auch durch den beruhigenden Effekt des Dampfablassens. Wir sollten uns ebenfalls keine Illusionen darüber machen, dass autoritäre soziale Kräfte – auf beiden Seiten der Barrikaden – versuchen werden, solche Situationen zu kontrollieren und für ihre eigenen Zwecke zu nutzen.

Wie es (zumindest in den Köpfen unserer Feinde) scheint, werden die *offensivsten Formen* des Widerstandes in einer stärker überwachten und spannungsgeladenen zukünftigen Welt die Aktionen von stark ermächtigten und nicht eingebundenen Kleingruppen (und Individuen) sowie einer kaum geführten Massenopposition sein. Momentan existiert noch ein Mittelweg, vorrangig verwendet von Aktivist*innen und ›Kriminellen‹. Wie ich bereits zuvor schrieb, dienen subversive Aktionen zwar der Erlangung von Freiheit, sind aber unter Umständen auch im Sinne der Herrschenden, die einzelne Aktionen länger dulden, als technisch gesehen nötig ist, wenn diese den Ausbruch weiterer Aktionen hemmen. Außerdem sollte es offensichtlich sein, dass die hier erwähnten oppositionellen Methoden – ob existierend oder kommend – Methoden der Opposition und keine Weichenstellungen für den Umsturz oder das Endes sind. Das wird allerdings nicht dazu führen, dass sie ausschließlich als solche beansprucht werden. In unseren Kreisen werden sicherlich auch *einige* Kommunist*innen in sozialen Kämpfen und Ausbrüchen der Unordnungen einen Weg zum Umsturz sehen, und ohne Zweifel werden *einige* Primitivist*innen im 5GW einen Weg sehen, das Ende der Zivilisation in ihren Kernländern herbeizuführen.

Des Weiteren locken auch Situationen in weit entfernten Ländern – und diejenigen, die hinter den Mauern leben, können herauskommen – zumindest im Moment noch. Es ist oft gefährlich, dahin zu gehen, wo sich Unruhen ankündigen, Möglichkeiten der Anarchie bieten und Ökosysteme verteidigt werden müssen, aber einige werden immer »Freiheit in Gefahr über Frieden in Sklaverei«[202] stellen. Selbst einige, denen es nicht so geht, mögen sich verpflichtet fühlen zu kämpfen – und dies vielleicht in einem Ausmaß, das in einem Überwachungsstaat nicht mehr tragbar ist. Oder sie wollen einfach zusammen mit Menschen an wilden Orten leben, die im Großteil der gemäßigten Welt, aber auch dort längst nicht überall, dünn gesät sind. Trotz der vielen verschlossenen Möglichkeiten gibt es nach wie vor vieles außerhalb der Zivilisation, und wie ich in den vorherigen Kapiteln dargestellt habe, wird die globale Erwärmung vielleicht diese Zonen vergrößern.

Liebe, Gesundheit und Aufstand

» Meiner Meinung nach ist die Situation hoffnungslos, die Menschheit hat einen ökologischen Wendepunkt produziert… Wenn wir aber davon ausgehen, dass es eine Möglichkeit gibt, den ›dunklen Kurs‹ der Gesellschaft ›Richtung Tod‹ zu ändern, dann kann dies nur durch Ansteckung, Unterwanderung, Ausbreitung und Unwahrnehmbarkeit durch den sozialen Organismus funktionieren, genau so, wie es die unsichtbaren Teilchen der Krankheit, die Gesundheit genannt wird, machen. – *Kenneth Rexroth, Anarchist und Dichter, Juli 1969*[203]

Wir haben uns vermutlich wenigstens zum Teil dazu entschlossen, Anarchist*innen zu sein, da wir fühlen, dass es gesünder und ethischer ist. Es ist besser, weder Chefin noch Diener in unseren intimen und sozialen Beziehungen zu sein. Den Schmerz in Widerstand zu verwandeln, ist besser, als ihn gegen uns selber, gegen unsere eigene Klasse und unsere Körper, zu wenden. Es ist ökologisch gesünder (um einen diskreditierten Begriff zu verwenden), wilde Freiheiten zu verteidigen, als die gesamte Welt zum Territorium der Zivilisation werden zu lassen.

Wenn Rexroth heute noch leben würde, wäre er wahrscheinlich nicht überrascht darüber, dass es nun wahrscheinlich zu spät ist, den »dunklen Kurs Richtung Tod« zu ändern. Dennoch müssen sich jene unter uns, die sich an einigen der am meisten domestizierten Orte der Welt entschieden haben, Anarchist*innen zu sein, immer noch finden – sowohl um effektiv zu sein, als auch um sozial abgerundet zu sein. Wir müssen eine gewisse Unsichtbarkeit gegenüber der Herrschaft aufrecht erhalten und gleichzeitig sozial präsent genug sein, um ansteckend zu wirken.

Viel zu oft erinnert der Aktivismus einiger Leute an die manischen Phasen bipolarer Erkrankungen. Darauf folgt zwangsläufig eine depressive Phase, die, wenn sie die Leute erst einmal von den Gefühlen der Allmacht desillusioniert hat, lediglich wieder die Illusionen der Ohnmacht verstärkt. Um stärker und gesünder zu werden und andere zu ermutigen und darin zu unterstützen, es zu werden, ist es vernünftig, uns selbst realisierbare kurzfristige Ziele zu setzen und keine ›Alles oder nichts‹-Perspektive zu übernehmen. Dies tritt ein, wenn wir entscheiden, was unser Widerstand erreichen soll, was wir aktiv erschaffen wollen, was wir lernen oder was wir werden wollen. Auf diese Weise können unsere bewussten Aktionen die Funktion einer kollektiven Therapie erfüllen, wir können unsere Leben durch das ›Anarchist*innen-sein‹ spürbar verbessern und gleichzeitig umfassendere soziale und ökologische Ziele erreichen. Es gibt viele Antworten darauf, wie wir dies tun können.

> Wir sind Anarcho-Syndikalist_innen in der Produktionsstätte, Öko-Anarchist_innen in den Wäldern, soziale Anarchist_innen in unseren Communitys, Individualist_innen, wenn du uns alleine triffst, anarchistische Kommunist_innen, wenn es etwas zum Teilen gibt, Insurrektionalist_innen, wenn wir einen Schlag landen.«[204]

Ein Anarchismus mit vielen Adjektiven, einer der sich auch Ziele setzt und erreicht, kann eine wunderbare Gegenwart und immer noch eine Zukunft haben; selbst wenn er grundlegend nicht im Takt mit der Welt um ihn herum ist. Es gibt so vieles, was wir tun, erreichen, verteidigen und sein können; selbst hier, wo die Zivilisation vermutlich leider noch eine Zukunft hat.

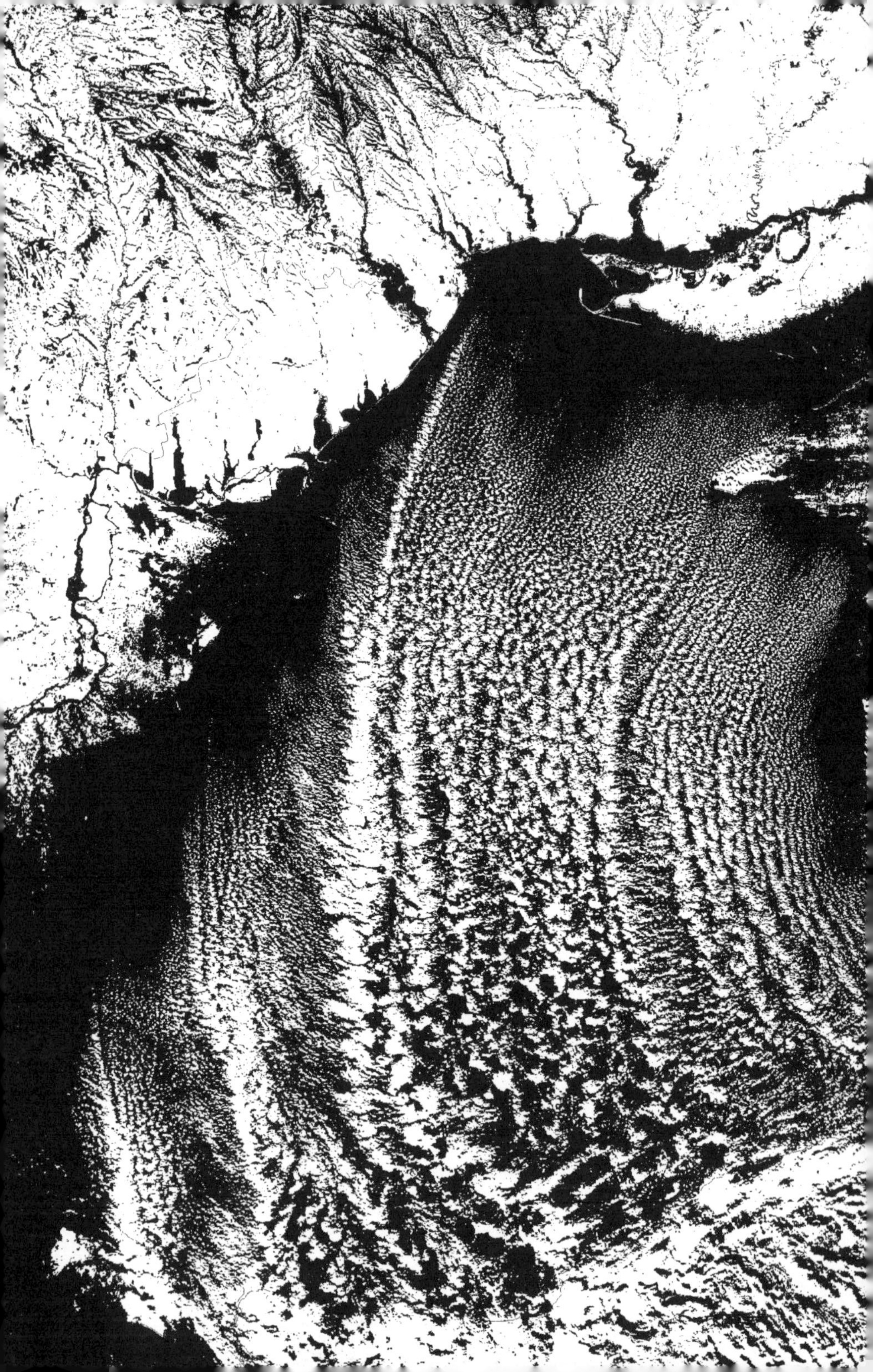

Desert

If I cross the river will you cross the river
Falls ich den Fluß überquere, wirst du ihn auch überqueren

Or drown in this desert, this empty cup we're drinking from
Oder in dieser Wüste ertrinken, dieser leeren Tasse, aus der wir trinken

If we are beasts, we are not beasts of burden
Falls wir Tiere sind, sind wir keine Lasttiere

So ride alone, or ride with many others
Also reite allein, oder reite mit vielen anderen

Just ride away as fast as you can.
Reite nur weg von hier, so schnell du kannst.

— **Blackbird Raum,** *Valkyrie Horsewhip Reel*[205]

Ich habe in diesem Buch versucht, gegenwärtige und plausible Skizzen der Zukunft darzustellen, verbunden mit dem Aufruf, sich von alten Illusionen und aussichtslosen Kämpfen zugunsten des Möglichen zu verabschieden. Ich hoffe, der durchgehend implizierte Aufruf, die Grundlagen der Klassengesellschaft / Zivilisation zu beseitigen, wurde deutlich. Dennoch kann ich schon die Vorwürfe aus dem eigenen Lager hören. Vorwürfe, sich von der Sache der Revolution, von dem Kampf für eine andere Welt verabschiedet zu haben. Diese Vorwürfe sind korrekt. Ich würde erwidern, dass solche millenaristischen und progressiven Mythen der Kern der Ausweitung der Herrschaft sind. Wir können anarchischer als das sein.

Ein großer Teil dieses Werkes ging ›ums Ganze‹, das sollte aber nicht von dem Wert des Praktischen, des Lokalen, unseren emotionalen Beziehungen und den täglichen Projekten ablenken. Der Zukunft sollte es nicht erlaubt sein, heutige Möglichkeiten zu verschließen, selbst wenn das Heute einige Möglichkeiten in der Zukunft verschließt. Es gibt keine Zukunft, für die es wert ist zu leben und zu kämpfen, die nicht in der Gegenwart präsent ist.

Nichts von dem, was ich dargestellt habe ist eine sonderliche Offenbarung; in der anarchistischen Community, in der ich lebe, sind einige dieser Ideen – zumindest gefühlt – wie Common Sense. Ich glaube, das ist auch in anderen Communitys so. Allerdings kann mensch das nicht unbedingt aus unseren veröffentlichten Texten oder den Gesprächen, die wir miteinander führen, herauslesen. Es ist fast so, als hätten wir diese Ansichten, *obwohl* wir Anarchist*innen sind. Dennoch glaube ich, dass das Ausrangieren von progressiven und revolutionären Standpunkten der Zuversicht uns stärker, freier und mental gesünder machen kann.

Desillusioniert zu sein – in Bezug auf die Weltrevolution / auf unsere Möglichkeit, den Klimawandel zu stoppen – sollte jedoch nicht dazu führen, dass wir unser anarchistisches Gemüt oder unsere Liebe zur Natur ändern. Es gibt immer noch viele Möglichkeiten für wilde Freiheit.

Wie sehen einige dieser Möglichkeiten aus und wie können wir sie leben? Welche Ziele, Pläne, welche Lebensformen, was für Abenteuer ergeben sich, wenn die Illusionen beiseite gelegt werden und wir der Welt begegnen, ohne von der Desillusionierung handlungsunfähig geworden zu sein, sondern dank ihr unbeschwert sind?

Statt einem Nachwort ...

... wollen wir euch hier noch einige Texte zum weiterlesen empfehlen:

Margret Killjoy,
Von postzivilisiertem Leben und Städten, die keine sind.
(Black Mosquito, 2013)

Eine kleine dystopische Überlegung, wie das Leben nach einem Kollaps des Kapitalismus aussehen könnte. Gibt es bei Black Mosquito als Broschüre und als kostenlosen Download.

Wolfi Landstreicher,
Barbarische Gedanken.
Über revolutionäre Zivilisationskritik.

Wolfi definiert hier einige Begriffe wie Zivilisation, Wildheit, Biozentrismus aus einer revolutionären, anarchistischen Perspektive. Begriffe, die in Desert wichtig sind, bei denen der Autor aber leider keine weitere Erklärung gibt. Vieles deutet darauf hin, dass der Autor diese Begriffe im Sinne von Wolfi Landstreicher nutzt, Wolfis (Selbst-)Kritik trifft aber auch gut auf *Desert* zu. Wenn ihr das Buch bei Black-Mosquito bestellt habt, habt ihr die Broschüre eh schon bekommen. Ansonsten kann sie auch auf anarchistischebibliothek.org online gelesen werden.

David Graeber,
Frei von Herrschaft. Fragmente einer anarchistischen Anthropologie.
(Peter Hammer Verlag, 2008)

In Davids Text tauchen viele der in *Desert* erwähnten anthropologischen Untersuchungen etwas detaillierter wieder auf. Außerdem gibt es interessante Überlegungen über Begriffe wie Zivilisation oder ›den Westen‹.

Marcel Hänggi,
Wir Schwätzer im Treibhaus
(Rotpunktverlag, Zürich 2008)

Ein wissenschaftlich fundiertes Werk, in dem schonungslos vorgerechnet und aufgezeigt wird, warum ein grün angemaltes ›Weiter so‹ in keinem Fall in der Lage sein wird, den Klimawandel aufzuhalten, und welche Maßnahmen die vermeintlich ökologisch sinnvoll erscheinen mögen, durch Rebound-Effekte tatsächlich das Gegenteil bewirken. Sehr verständlich geschrieben und dabei angenehm anspruchsvoll in der Analyse. Kein anarchistisches Buch, aber doch eines, das über den rein umweltbewegten Tellerrand schaut und auch politische Fragen betrachtet. Das Buch kommt dabei zum Schluss, dass die Feinde einer wirksamen Klimapolitik heute nicht mehr in erster Linie die Leugner und Verharmloser sind – sondern, angeführt von Nobelpreisträger Al Gore, die gutmeinenden Optimisten.

Jörg Bergstedt,
Macht und Umwelt – Über den Zusammenhang von Herrschaft und Umweltzerstörung.
(Seitenhieb Verlag, Saasen)

Texte und Thesen zur Verknüpfung von Herrschaft und Umweltzerstörung. Es zeigt sich, dass machtförmige Verhältnisse gleichzeitig die Voraussetzung wie auch das Mittel der rücksichtslosen Aneignung von Rohstoffen, Land und allen anderen Lebensgrundlagen ist. Natur und Mensch sind die Faktoren, die zum Zwecke von Herrschaftsausbau und -sicherung sowie ständigem Profit ausgebeutet werden.

Endnoten

1 Nein, nicht von Derrick Jensen, sondern von John Cleese. – *Clockwise. Recht so, Mr. Stimpson* Film. Christopher Morahan.
1986; London, Thorn EMI Screen Entertainment.

2 John Gray, *Die Geburt al-Qaidas aus dem Geist der Moderne* (München: Kunstmann Verlag, 2004)

3 Obwohl ich keine*n persönlich kenne, der*die dies behauptet, ist der Anarchismus als Telos der menschlichen Geschichte immer noch Teil unserer Propaganda. Erst 2006 wurde in der – meiner Meinung nach – am leichtesten zugänglichen und am schönsten illustrierten Einleitung in den Anarchismus geschrieben: »dass die generelle Richtung der menschlichen Geschichte die Freiheit ist, ungeachtet alldessen, was die Autorität ihr auferlegte und der Tatsache, dass weiterer Fortschritt unumgänglich war... die natürliche Entwicklung der Gesellschaft sichert ein gutes Leben für alle, indem die kollektive Produktivität dem kollektiven Nutzen zugeführt wird – Anarchismus.« – Clifford Harper, der sich anerkennend auf Peter Kropotkins »Wissenschaftliche Basis des Anarchismus« beruft, in *Anarchy: A Graphic Guide* (London: Camden Press, 1987)

4 Die Idee des Millenniums, die im ›Ende der Geschichte‹ impliziert ist, betrifft sowohl die Herrschenden als auch die Beherrschten

5 Obwohl der ›globale‹ Aktionstag (J18, 1999), der vermutlich diese Bewegung losgetreten hat, von Reclaim the Streets (London) »Karneval gegen das Kapital« genannt wurde, gibt es wenig Belege dafür, dass die meisten Beteiligten (besonders außerhalb des Westens) sich als antikapitalistisch bezeichnet hätten, weder damals noch in der folgenden Periode. Peoples Global Action – das Haupt-Netzwerk, das in dieser Zeit anarchistische / aktionistische Gruppen von Nord nach Süd vernetzt hat – war niemals wirklich so global und seine Maßstäbe waren oft überzogen.

6 Da die Abwesenheit jeglicher globalen antikapitalistischen Bewegung so offensichtlich ist, müssen diejenigen, die sich eine solche wünschen, beeindruckende mentale Dehnungen vollziehen. Die Selbstdarstellung der autoritären Linken ignorierend, ist die hauptsächliche Taktik in unseren Kreisen, die des Betrachtens all der diffusen Kämpfe und Momente des persönlichen und des kollektiven Widerstandes innerhalb des Klassenkampfes, um sie dann durch Benennung zusammenzuführen: Kommunismus, Bewegung der Bewegungen, die Multitude – such dir eine aus. Im Grunde ist dies ein Beispiel für magisches Denken: durch Kategorisierung und Benennung des Diffusen und Unsichtbaren wird eben dies real. Dem Ganzen können dann Merkmale zugeschrieben und Wünsche darauf projiziert werden – wenig überraschend, dass dies meist genau die Vorstellungen sind, die der Betrachter gerne in genau solchen Bewegungen sehen würde. Dass diese Kämpfe eventuell von Menschen geführt werden, die ganz andere Grundsätze, Wünsche und Bedürfnisse haben, ist unwichtig, denn es ist das imaginäre Konstrukt, das zählt und nicht sein wirklicher Inhalt.

7 Andrew Flood, *S26 in Ireland and the Origins of the Anti-Capitalist Movement* (Workers Solidarity Movement, Irland, 13.09.2000)

8 UK Anarchist Federation, *Resistance*, Mai 2009, Seite 4. Dies sind nur illustrierende Beispiele – ihr könnt viele ähnliche selber finden. Versteht dies nicht als Stichelei, wenn ihr mit solchen Organisationen / Tendenzen verbunden seid. Viele, die ich von euch kenne, machen großartige Dinge und sind liebenswerte Menschen, mit denen ich zusammen gekämpft und gelacht habe.

9 Mit der Bezeichnung ›Bewegungs-Anarchist*innen‹ versuche ich, jene unter uns zu beschreiben, die sich als Anarchist*innen bezeichnen und sich auf eine gewisse Art mit den hauptsächlich westlichen Ursprüngen der anarchistischen Tradition verbunden fühlen. Viele Gruppen und Individuen haben anarchistische / herrschaftslose Leben gelebt, und leben sie immer noch, ohne jegliche Verbindung zu unseren relativ modernen sozialen Bewegungen. Ich schreibe über diese Anarchist*innen in Kapitel 4 – Afrikanische Wege zur Anarchie

10 Aussagen, die sich darauf beziehen, eine neue Welt in der Schale der alten aufzubauen / wachsen zu lassen, sind relativ verbreitet in libertären Texten. Obwohl das Konzept schon älter ist, stammen diese Phrasen aus der Präambel der Verfassung der Industrial Workers of the World: »Indem wir uns industriell organisieren, bilden wir die Struktur der neuen Gesellschaft in der Schale der alten Gesellschaft.« [http://www.wobblies.de/iww/praeambel-der-verfassung-der-iww, Stand 16.11.2015]

11 Sicherlich verbindet das Internet den Globus, allerdings hören und sehen die meisten von uns dann doch nur Menschen wie uns selber. »Wir enden in diesen ›Filter-Blasen‹..., wo wir nur die Menschen sehen, die wir schon kennen, und die Menschen, die denen ähneln. Und wir sehen nicht den größeren Rahmen.« Ethan Zuckerman, *Listening to Global Voices*, TED (www.ted.com / Untertitel: https://dotsub.com/view/a45c3977-a918-4417-bc2e-26b427910ac3/annotatedTranscript/ger)

12 *Down with Empire, Up with Spring!*
(Te Whanganui-a-Tara / Wellington: Rebel Press, 2006, S. 74)

13 Seaweed, *Land and Liberty: Toward an organically self-organized subsistence movement*, (›Occupied Isles of Britisch Columbia‹, Self Published, 2002)

14 Wir wurden auf der Straße von der Polizei besiegt, von der Routine gelangweilt, von der Linken infiltriert, durch lange Haftstrafen eingeschüchtert, überschattet durch islamistische Aufstände und westliche Angriffskriege, verwässert durch das Eintauchen in die Anti-Kriegs-Bewegung und geschwächt durch ihr Scheitern. Einige wichtige Kämpfe wurden auf ein paar Ebenen gewonnen (gen-manipulierte Terminator-Technologie wurde abgewürgt und WTO-Verhandlungen implodierten), viele wanderten auf erfolgversprechendere (oder spektakulärere) Terrains des Kampfes ab, einige Kämpfe gingen über das gemeinhin Akzeptable hinaus. Viele fokussierten sich auf das Lokale und /oder gaben die Illusionen über die Masse und das Spektakel auf. Unzählige ›nicht-politische‹ Aspekte des alltäglichen Lebens – Kinder, Generationswechsel, Depressionen, Tod und Lohnarbeit – sollten ebenfalls nicht unerwähnt bleiben.

15 Abgesehen davon wie hoffnungslos USA-zentriert es ist, ist es wiederum ein Beispiel für fundamentales magisches Denken. Mensch kann sich fragen ob die Gleichung Kopenhagen = Seattle so populär geworden wäre, wenn der COP15 rund um den sechsten Jahrestag von Seattle stattgefunden hätte und nicht am numerisch eleganten zehnten Jahrestag.

16 Am von 350.org organisierten Klimaaktionstag (10.10.10) fanden über 1600 Veranstaltungen in 135 Ländern statt, die meistens davon waren ritualisiertes Theater wie Baum-Pflanzen / Glühbirnen-Wechsel jedoch mit der dazugehörigen Möglichkeit den eigenen Glauben zu stärken.

17 John Sauven (Geschäftsführer von Greenpeace, UK), *Global collective action is the key to solving climate change*, Guardian (16.02.2010, Seite 33)

18 Als Beispiel können wir das leider inzwischen geräumte Mainshill Solidarity Camp oder die erfolgreiche mit dem Klimacamp verbundene Kampagne gegen den Ausbau des Heathrow Airport anführen.

19 Das offensichtlichste Beispiel dafür wären wohl einige mit dem Konzept der Transition Towns verbundene Gruppen, zumindest auf den Britischen Inseln.

20 Tadzio Müller und Ben Trott, *Wie institutionalisiert man einen Schwarm?* (http://www.zeitschrift-luxemburg.de/wie-institutionalisiert-man-einen-schwarm/, Stand 03.12.2015)

21 *You are Now Fucked*, Natterjack Press. Der Titel bezieht sich auf einen Klimacamp-Flyer, auf dessen Cover einfach stand »You are Not Fucked«

22 Es sei denn, der Klimawandel erschafft eine wahre Endzeit, wie sie etwa Mark Lyans in seiner Beschreibung des Abgangs der Permzeit darstellt. Das ist auch eine Möglichkeit... Mark Lyans, *Six Degrees: Our Future on a Hotter Planet* (London: Harper Collin, 2007, S. 243)

23 2010 wurde die »Konferenz der Völker über den Klimawandel und die Rechte von Mutter Erde« von der bolivianischen Regierung organisiert. Eine gute anarchistische Kritik ist: Dariush Sokolov, *Cochabamba: Beyond the Complex – Anarchist Pride* (Shift Magazine, Nr. 9, 2010). Einen fürsprechenden, aber dennoch kritischen, Ansatz kann mensch hier finden: Building Bridges Collective, *Space for Movement? Reflections from Bolivia on climate justice, social movements and the state* (Bristol: Selbstverlag, 2010)

24 Zitiert nach Christopher Manes, *Green Rage: Radical Environmentalism and the Unmaking of Civilisation* (Boston: Little Brown Company, 1990, S. 25)

25 Edward Goldsmith et al, *5000 Days to Save the Planet* (London: Hamyln, 1990)

26 James Lovelock, *Climate Change on the Living Earth*,
(Rede bei der Royal Society, 29.10. 2007)

27 Seine Pro-Atom-Haltung ist zweckmäßig, wenn mensch, wie er, zivilisationsbefürwortend ist. Er sagt nicht, dass Atomkraft die Lösung der globalen Erwärmung (die er jetzt für unvermeidbar hält) ist. Er glaubt, dass Kernspaltung und irgendwann Kernfusion die einzigen Technologien sind, die in der Lage sind »die Lichter am Brennen zu halten«, wenn die Zivilisation zurückweicht. Als jemand, der möchte, dass die Lichter ausgehen, erkenne ich die Logik seiner Argumentation an. Da ich jedoch das Gegenteil will, muss ich ihm in seinem Standpunkt nicht zustimmen, seine weiteren Argumente jedoch auch nicht deswegen verwerfen.

28 Wohl das Buch, das die Umwelt- (in Abgrenzung zur Umweltschutz-) Bewegung begründete.

29 Dabei ist es weniger die Wissenschaft selbst, die infrage gestellt wird, sondern ihre Darstellung in der Zusammenfassung für politische Entscheidungsträger*innen, in der sowohl Formulierungen als auch Aufbereitung unter einem gewissen Grad an Regierungsdruck entstanden. In diesem Bereich gibt es einen Ruf nach stärkerer Unabhängigkeit von Regierungen: »*IPCC: cherish it, tweak it or scrap it?*« (aus Nature, 11.Februar 2010)

30 Die industrielle Umweltverschmutzung hat zu einem Anstieg von Aerosolen in der Atmosphäre geführt, von denen angenommen wird, dass sie Sonnenlicht zurück ins Universum reflektieren und zu Wolkenbildung beitragen. Wenn mensch irgendwie von heute auf morgen die globale Industrie ausschalten könnte, würde dieser Verdunklungseffekt verschwinden und die Oberflächentemperaturen würden nahezu sofort signifikant ansteigen. Das wiederum könnte Rückkopplungseffekte mit massivem Anstieg an Treibhausgasfreisetzungen aus nicht menschlich kontrollierten Systemen bewirken. Lovelock spricht aus diesem Grund davon, dass wir in einem »verrückten Klima« leben – verdammt, egal, was wir tun. Ich habe hier ein sehr simples (und dadurch fehlerhaftes) Bild eines sehr komplexen Vorgangs dargestellt. Für eine bessere Erklärung der Theorie sei verwiesen auf: Meinrat et al. *Strong present-day aerosol cooling implies a hot future* (Nature, 30. Juni 2005). Als einfach zugängliche Einführung (wenn auch vereinfachend und teilweise veraltet) ist die 2005 von BBC produzierte Dokumentation *global dimming* (www.bbc.co.uk/sn/tvradio/programmes/horizon/dimming_trans.shtml) bzw auf deutsch unter dem Titel *Die schwarze Sonne* (https://vimeo.com/137683661) zu empfehlen. Die Existenz des Verdunklungseffektes ist weitgehend akzeptiert, sein Ausmaß jedoch noch immer unbekannt. In einer Studie des Met Office Hadley Centre von 2008 zeigen Modelle entweder einen moderaten oder einen enormen Temperaturanstieg als Folge einer plötzlichen Entfernung von Dunsttrübungen. In beiden Fällen »ist es sehr wahrscheinlich, dass die heutige Aerosol-Kühlung einen großen Anteil der momentanen globalen Erwärmung unterdrückt« (in *Observed climate change constrains the likelihood of extreme future global warming*, Peter Stott et al. in Tellus B, 60: pp. 76–81, 2008). Unter den Verfechter_innen geplanten Geoengineerings erfreut sich die Idee, die globale Verdunkelung durch künstliches Einbringen von Sulfaten in die Stratosphäre zu verstärken, zunehmender Beliebtheit – welch eine Freude... Es ist wichtig zu betonen, dass zu dem Zeitpunkt, an dem du dieses Buch liest, die Wissenschaft weiter fortgeschritten sein wird.

31 Sitzungsbericht der Konferenz *4 Degrees and Beyond – Implications of a Global Climate Change of 4+ Degrees for People, Ecosystems and the Earth-system*, gesponsort von der Oxford University, dem Tyndall Centre for Climate Research und dem Met Office Hadley Centre. www.eci.ox.ac.uk/events/4degrees/

32 Bob Watson, zitiert in *How to Survive the coming century* (New Scientist, 25. Februar 2009)

33 zitiert in *How to Survive the coming century* (New Scientist, 25. Februar 2009)

34 Zitiert nach http://350.org/de/about/science/ [26.01.2016]

35 Im Gegensatz dazu wird geschätzt, dass die gesamte prähistorische Jägerinnen-Sammler-Bevölkerung nie über 10 Millionen zählte und das während der gesamten 60.000 Homo-Sapiens-Generationen. Gerald Marten, Human Ecology (London: Earthscan Publications, 2001, S. 26–38)

36 »Seid fruchtbar und mehrt euch und füllt die Erde und macht sie euch untertan und herrscht über die Fische im Meer und über die Vögel unter dem Himmel und über alles Getier, das auf Erden kriecht«, 1. Mose, 1:28, Lutherbibel

37 *World Population Prospects: The 2008 Revision*, Abteilung für Bevölkerungsfragen innerhalb der Hauptabteilung Wirtschaftliche und Soziale Angelegenheiten des UN-Sekretariats , Juni 2009

38 Die Arbeit von Anarchist_innen und Feministinnen der ›neuen sozialen Bewegungen‹ ab den 60ern ist relativ bekannt. Die anarchistische Beteiligung an Kämpfen rund um das Thema der Geburtenkontrolle reicht jedoch weiter zurück. Emma Goldman, neben vielem anderen Krankenschwester und Hebamme, war eine der bekanntesten Verfechterinnen und für viele Namenlose der Bewegung war dieses Thema ein großer Teil ihrer Alltagsorganisierung. Es geht dabei genauso um Klassenkampf wie um Frauenbefreiung. Wie Emma Goldman es ausdrückte: úGroße Familien sind ein Mühlstein am Hals arbeitender Menschen!« Das folgende Zitat bezieht sich auf französische Anarchist*innen zu Beginn des 20.Jahrhunderts, könnte sich jedoch genauso auf viele andere Länder beziehen: »Anarchismus kann als die krönende Synthese betrachtet werden; Neo-Malthusianismus (Familienplanung), Erziehung und Antimilitarismus waren wichtige und notwendige Betätigungsfelder für Anarchist*innen, die auf eine vollumfängliche soziale Revolution hinarbeiteten.« David Berry, A History of the French Anarchist Movement, 1917–1945 (Oakland: AK Press, 2009, Seite 26)

39 Dazu: George Bradford, *Woman's Freedom* in *How Deep is Deep Ecology?* (Detroit, Fifth Estate, 1989)

40 Für einen ordentlichen Einstieg in Fragen rund um die grüne Revolution: Vandana Shiva, Monocultures of the Mind: Perspectives on Biodiversity and Biotechnology (London, Zed Books 1998)

41 William R. Catton Jr., *Overshoot: The Ecological Basis of Revolutionary Change* (Illinois: University of Illinois Press, 1982, S. 38)

42 World Hunger Hits One Billion, BBC (http://news.bbc.co.uk/2/hi/europe/8109698.stm), 19. Juni 2009

43 Mike Davis, *Die Geburt der Dritten Welt. Hungerkatastrophen und Massenvernichtung im imperialistischen Zeitalter* (Hamburg, Assoziation A, 2004)

44 »Dieses Mädchen [zu sehen in dem Video zu dem Vortrag] zum Beispiel, ist in einer Fütterungsstation in Äthiopien. Die gesamte Station war voll mit Mädchen wie ihr. Bemerkenswert ist, dass es ihren Brüdern, in der gleichen Familie, absolut gut ging. In Indien überleben Mädchen und Jungen im ersten Lebensjahr etwa im gleichen Verhältnis. weil sie die Brust bekommen und die Brust Söhne nicht bevorzugt. Zwischen Eins und Fünf haben Mädchen eine 50% höhere Sterberate als Jungen, bezogen auf ganz Indien.« – Sheryl WuDunn, *Die größte Ungerechtigkeit in unserem Jahrhundert* (Juli 2010: https://www.ted.com/talks/sheryl_wudunn_our_century_s_greatest_injustice/)

45 CNA Corporation, *National Security and the Threat of Climate Change* (Alexandria: CNA Corporation, 2007), 1. Befund

46 Ebenda, 2. Befund

47 Ein Beispiel: »›Wenn sich die Auswirkungen des Klimawandels mit bestehenden Problemen mischen, werden Operationen wie die derzeitigen in Osttimor und auf den Salomonen häufiger und intensiver auftreten.‹ [Generaloberst Angus] Houstan sagt, dass der durch den Klimawandel steigende Meeresspiegel vermutlich die sozialen Probleme auf den Inseln verstärken wird. Von diesen sind die meisten arm und unterentwickelt und haben geringes Potenzial für nachhaltiges ökonomisches Wachstum, zumindest in den meisten Ländern. Das bedeutet nach seiner Aussage, dass es den Inselnationen schwer fallen wird, sich dem Klimawandel anzupassen, während wandelnde Niederschlagsmuster, Unwetter und der steigende Meeresspiegel die Landwirtschaft und die Fischerei, von denen sie abhängig sind, bedrohen. ›Von dem Punkt ist es nur ein kleiner Schritt zu politischer Instabilität und sozialen Unruhen‹, so Houstan.“ – *Australia military head warns of Pacific climate instability*, France 24, 3.11.2010 (www.france24.com)

48 James R. Lee, *Climate Change and Armed Conflict: Hot and Cold Wars* (London: Routledge, 2009, S. 7)

49 *National Security and the Threat of Climate Change* (Alexandria: CNA Corporation, 2007, S. 6)

50 Kurt M Campbell et al, *The Age of Consequences: The Foreign Policy and National Security Implications of Global Climate Change* (Centre for Strategic and International Studies, 2007) zitiert nach Gwynne Dyer, *Climate Wars* (Toronto: Random House, 2009, S. 19)

51 *Down with Empire, Up with Spring!* (Te Whanganui-a-Tara / Wellington: Rebel Press, 2006, S. 118)

52 R Nordas and N.P. Gleditsch, ›Climate change and conflict‹, Political Geography (26) 627–638 (2007), zitiert in James R. Lee, *Climate Change and Armed Conflict: Hot and Cold Wars* (London: Roudedge, 2009, S. 15)

53 Maria Nikiforova »war die einzige weibliche Kommandantin einer großen revolutionären Armee in der Ukraine – eine Atamansha. Der Kampfzug ›Druzhina‹ war mit zwei großen Gewehren und einem gepanzertem Tiefladewagen ausgerüstet. Die Zugwagons waren mit gepanzerten Autos, Tatschankas, Pferden und Truppen beladen und so war die Einheit keinesfalls auf die Schienen beschränkt. Der Zug war mit Banner behangen auf denen zu lesen war: ›Es kann die Befreiung der Arbeiter nur das Werk der Arbeiter sein‹, ›Lang lebe die Anarchie‹, ›Die Herrschaft erzeugt Parasiten‹ und ›Anarchie ist die Mutter der Ordnung‹... Mit ihren schwarzen Fahnen und Kanonen sahen die Einheiten Marias Piratenschiffen ähnlich, die durch die Ukrainische Steppe segelten.« – Malcolm Archibold, *Atamansha: The Story of Maria Nikiforova, the Anarchist Joan of Arc* (Edmonton: Black Cat Press, 2007, S. 21–22)

54 James R. Lee, *Climate Change and Armed Conflict: Hot and Cold Wars* (London: Routledge, 2009, S. 93)

55 Mattijs Van de Port, *Gypsies, Wars and Other Instances of the Wild: Civilisation and its Discontents in a Serbian Town* (Amsterdam: Amsterdam University Press, 1998, S. 15–17)

56 Randolph Bourne, ›War is the Health of the State‹, Bureau of Public Secrets (www.bopsecrets.org)

57 Pierre Clastres, *Archäologie der Gewalt* (Diaphanes, Zürich, 2008, S. 77–78)

58 Sie wurden entweder in Zeiten (konter-)revolutionärer Unruhen ausgelöscht oder in Zeiten relativen sozialen Friedens zur bevorzugten Beute autoritärer Bekehrungsversuche – Anarchist*innen haben eine gewisse Tendenz, eins auf die Nase zu bekommen. Des Weiteren wurden unsere Reihen dadurch dezimiert, dass viele der Zivilisation durch Drogen und Selbstmord entkommen wollten.

59 Joseph Khan, *Anarchism, the Creed that Won't Stay Dead*, (New York Times , 5 August 2000)

60 Die ›Natur‹ aller Zivilisation liegt in einer scheinbaren Entfremdung von der Wildnis. Diese verstärkt sich durch die Entfremdung, die wir untereinander, zum Land, zu den Produkten unserer Arbeit und sogar zu unseren eigenen Sehnsüchten entwickeln. Wilde Tiere (inklusive Menschen) werden dadurch gezähmt – domestiziert –, dass sie von ihrer natürlichen Umgebung und den freien Mitgliedern ihrer Spezies abgezäunt, separiert, werden. Herrschaft wird durch Gewalt und die Rationierung von Ressourcen in die Gehirne gebrannt. Die Wildnis wird sowohl außerhalb als auch innerhalb von ihr gezähmt. Die Entstehung der »Domestizierung beinhaltete die Entwicklung der Produktion, eine massive Ausweitung der Arbeitsteilung und das gesamte Fundament der Bildung sozialer Schichten. Dies mündete in einer epochalen Veränderung sowohl im Wesen der menschlichen Existenz als auch ihrer Entwicklung und verdunkelte Letztere mit immer mehr Gewalt und Arbeit.« – John Zerzan, *Elements of Refusal* (Columbia: C.A.L. Press, 2006, S. 77). Obwohl es wichtig ist, die Ursachen von Entfremdung und Domestizierung zu verstehen, wäre es dennoch ein Fehler, sie als vergangene Ereignisse zu betrachten und nicht als Prozesse, denen sich widersetzt werden kann und denen sich widersetzt wird. Für Interessierte: Ian Hodder, *The Domestication of Europe* (Oxford: Basil Blackwells, 1990), Leopold Roc, *Industrial Domestication: Industry as the Origins of Modern Domination.* Anarchist library (www.theanarchistlibrary.org), Derrick Jensen et al., *Strangely Like war: The Global Assault on Forests* (Dartington: Green Books, 2003), Jacques Camatte, *Against Domestication* (Leeds: Re-Pressed Distro, 2006), Beasts of Burden, *Kapitalismus Tiere Kommunismus* (Nürnberg: armed response).

61 James Lovelock, *Climate Change on the Living Earth*, (The Royal Society: London, 29 October 2007)

62 Rede des nicht ehrenwerten Außenhandelsministers von Nigeria Mr G Yhema, Crown Plaza Hotel, Den Haag, 27. April 2000

63 Vgl.: Naomi Klein, *Die Schock-Strategie: Der Aufstieg des Katastrophen-Kapitalismus* (Frankfurt: Fischer, 2007)

64 Im Gegensatz zu der Ansicht, dass ein Mangel an Ressourcen wahrscheinlich zu einer steigenden Zahl an Konflikten führt, haben viele Studien aufgezeigt, dass gerade das Vorhandensein von Ressourcen zu mehr Konflikten führt. Eine Kombination aus Gier und Missständen kann zu Konflikten führen, oftmals ist die Gier der Antrieb, während die Missstände die Rechtfertigung darstellen. »Dies legt nahe, dass der Ressourcenfluch dadurch, dass er die Herrschenden den Verlockungen von großem Wohlstand aussetzt, der stärkste Antrieb von Gewalt und Konflikten darstellt.« — Camilla Toulmin, *Climate Change in Africa* (London: International African Institute and Zed Books, 1999, S. 118)

65 Sam Mbah, IG Igariewy, *Afrikanischer Anarchismus. Die Geschichte einer Bewegung* (Wien: Bahoe Books, 2017)

66 Folgendes ist ebenfalls bemerkenswert: »Solche Verbindungen waren im Interesse der [Bosse], die absichtlich eine Semi-Arbeiter*innenklasse entstehen ließen. Thomson: ›Minenbesitzer und die Manager der großen Farmen verlassen sich darauf, dass die Kleinbäuer*innen [die nur temporär zum Arbeiten kommen] ebenfalls für sich selber auf ihren kleinen Parzellen produzieren (die von ihren Familienmitgliedern bestellt werden während ihrer Abwesenheit). Wenn die Arbeiter*innen diese zusätzliche Quelle der Subsistenz haben, können die Löhne niedrig gehalten werden.« – Jim Feast, *The African Road to Anarchism?*, in Fifth Estate, Vol 43 Nummer 2, 2008

67 Einen guten Überblick einiger gelebter Anarchien nicht nur in Afrika bietet: Harold Barclay, Völker ohne Regierungen. Eine Anthropologie der Anarchie (Berlin: Libertad Verlag, 1985)

68 P. Skalnik, *Outwitting the State*
(New Brunswick: Transaction Publishers, 1989, S. 13)

69 Eine verabscheuungswürdige und definitiv autoritäre Eigenschaft, die einige Anarchist*innen aber scheinbar immer noch haben...

70 Dies sollte jedoch nicht zu Ungunsten unseres Blickes auf die Klassenbeziehungen, Machtbalancen und Freuden in unserer Region geschehen.Viel zu viele Aktivist*innen kennen jede Feinheit von auswärtigen Kämpfen und wissen doch kaum etwas über den sozialen Krieg, der um sie herum stattfindet.

71 Obwohl ich dem Autor hier zustimme, würde ich sagen, dass die Sache mit der Anhänger*innenschaft ein Faktor ist, der hinter der Ausbreitung des Mehrparteiensystems steckt, aber bei Weitem eben nicht der einzige. Weitere Faktoren sind unter anderem der Zusammenbruch der Sowjetunion, sozialdemokratische Mobilisierungen innerhalb Afrikas und die Forderungen – finanzielle und ideologische – des Westens. Es wird spannend zu beobachten, welche Auswirkungen die Expansion Chinas nach Afrika haben wird.

72 Jim Feast, *The African Road to Anarchism?*,
in Fifth Estate, Vol 43 Nummer 2, 2008

73 Ein billiger Witz auf Kosten von Murray Bookchins lächerlichem ›Sozialer Anarchismus oder Lifestyle-Anarchismus‹ Gegensatz.

74 Sam Mbah, IG Igariewy, *Afrikanischer Anarchismus. Die Geschichte einer Bewegung* (Wien: Bahoe Books, 2017)

75 »Verbesserung macht die Straßen gerade, aber die unverbesserten, krummen Straßen sind die des Genies." Wiliam Blake (zitiert http://natune.net/zitate/William%20Blake)

76 James C. Scott, *The Art of Not Being Governed: An Anarchist History of Upland South-East Asia* (New Haven: Yale University Press, 2009).

77 Solltest du Zweifel daran haben, empfehle ich ein wohltuendes Experiment – versuche einmal den Geschmack der Freiheit, indem du Essen zubereitest, das nicht durch verkaufte Zeit bezahlt wurde, sondern das du mit den eigenen Händen angebaut hast. Ich vermute, die Erfahrung wird dich überzeugen, dass Land Freiheit bedeutet, und dazu führen, dass du dich nach mehr von beidem sehnen wirst. Für jene, die Buchreferenzen genau wie Dreck unter den Fingernägeln mögen, empfehle ich: The Ecologist, *Whose Common Future? Reclaiming the Commons* (London: Earthscan, 1993)

78 Graeme Barker, *A Tale of Two Deserts: Contrasting Desertification Histories on Rome's Desert Frontier*, in, *World Archaeology*, Vol 33, No.3, 2002, S. 488–507.

79 Helmut Geist, *The Causes and Progression of Desertification* (Aldershot: Ashgate Publishing, 2005), S. 4–7

80 Jenen, die das bezweifeln, empfehle ich: Clive Ponting, *A Green History of the World: The Environment and the Collapse of Great Civilisations.* (London: Penguin Books, 1991).

81 Vernon G. Carter and Tom Dale, *Topsoil and Civilization* (Oklahoma: University of Oklahoma Press, 1974)

82 Edward Abbey, Die Einsamkeit der Wüste. Meine Zeit in der Wildnis (Berlin: Matthes & Seitz, 2016)

83 Wilfred Thesiger, *Die Brunnen der Wüste* (München: R. Piper, 1991, S.11)

84 Vergleiche zum Beispiel: Christobel Mattingley ed, Survival *In Our Own Land: Aboriginal experiences in ›South Australia‹ since 1936* (Sydney: Hodder &r Stoughton, 1988)

85 Ein guter Hintergrundartikel zur Situation der Tuareg: Helene Claudot-Hawad, A Nomadic Fight Against Immobility: the Tuareg in the Modern State, in, Chatty, Dawn ed. *Nomadic Societies in the Middle East and North Africa: Entering the 21st century*. (Leiden: Brill Academic Publishers, 2006).

86 »Wenn wir von dem wahrscheinlichen Temperaturanstieg und den möglichen Änderungen im Niederschlag ausgehen, dann werden Farmer*innen sich zukünftig mit noch schwierigeren Anbaubedingungen auseinandersetzen müssen. Die Viehwirtschaft wird es vermutlich etwas besser schaffen als die Feldwirtschaft, besonders wenn die Hirten sich vom Rindvieh, welches nicht sonderlich hitzetolerant ist, hin zu Ziegen, Schafen und Kamelen bewegen. Diese überstehen trockene und heißere Bedingungen besser.« (S. 12) »Insgesamt ist es wahrscheinlich, dass der Sektor der Viehwirtschaft sich als widerstandsfähiger als die industrielle Landwirtschaft zeigen wird, da besonders die gemischten Herden der Kleinbäuer*innen sich besser den sprunghaften Niederschlägen anpassen können. Systeme, die auf Wanderweidenwirtschaft basieren, bei denen das Vieh je nach Jahreszeit bewegt wird, sind ebenfalls in einer besseren Ausgangslage als große kommerzielle Fleisch- und Milch-Farmen. [...] In den Regionen die wahrscheinlich heißer und trockener werden, wird es vermutlich einen Wandel in der Zusammensetzung der Herden vom Rind zu einer stärker durchmischten Herde oder zu Kamelen geben. Wenn dies bedeutet, dass weniger Ochsen gehalten werden, wird dies einen Dominoeffekt auf die Kapazitäten des Anbaulandes haben.«(S.60), Camilla Toulmin, *Climate Change in Africa* (London: International African Institute and Zed Books, 2009)

87 Richard B Lee & Richard Daly (Hg.), *The Cambridge Encyclopaedia of Hunters and Gatherers* (Cambridge: Cambridge University Press, 1999)

88 Aus Sicht des Britischen Militärs war die Gegend jedoch optimal für Atomwaffentests.

89 Nisa, eine Frau der !Kung San: »Ich erinnere mich daran, wie ich und meine Freunde durch den Busch liefen. Unsere Familien zogen von einem Lager zum nächsten und wir liefen voraus, auf den Rücken der anderen und taten so als seien wir Esel. In dem Moment entdeckte meine Freundin Besa ein totes Gnu; wir entdeckten noch zwei weitere – sie wurden alle erst kürzlich von Löwen getötet. Wir folgten unseren Spuren zurück und schrien ›Wir haben drei von Löwen getötete Gnus gefunden!‹ Die Erwachsenen antworteten: ›Ho Ho, unsere Kinder, unsere wunderbaren Kinder... unsere wunderbaren Kinder!‹« – Majorie Shostak, *Nisa erzählt : das Leben einer Nomadenfrau in Afrika* (Reinbek: Rowohlt, 2004)

90 Steve Conner, *Worlds Most Ancient Race traced in DNA Study*, (Londen: The Independent, 1 May 2009)

91 Rachel Sussman, *Die ältesten lebenden Dinge der Welt*, TED 2010 (www.ted.com)

92 Survival International, (www.survivalinternational.org/tribes/bushmen)

93 Und, ja, damit sind auch Menschen gemeint.

94 James Lovelock, Gaias Rache (Berlin: Ullstein, 2008)

95 W. H. Auden, ›The Fall of Rome‹, in, *Collected Poems* (London: Faber & Faber, 2004)

96 Tim Folger, *Viking Weather: The Changing Face of Greenland*, (National Geographic Vol 217 No. 6, Juni 2010, S. 49)

97 James Melic, James and Duncan Bartlett, *Melting Ice Opens Up Potential for Arctic Exploitation*. (BBC World Service — Business Daily: 22 September 2010, www.bbc.co.uk/news/business-1138197)

98 Camilla Toulmin, *Climate Change in Africa* (London: International African Institute and Zed Books, 2009, S. 15–16)

99 Laurence C. Smith, *The World in 2050: Four Forces Shaping Civilization's Northern Future* (New York: Penguin, 2010, S. 6)

100 *Global Warming Poses Threats and Opportunities to Arctic Region*, Manila Bulletin, 6. Dezember 2009

101 James R. Lee, *Climate Change and Armed Conflict: Hot and Cold Wars* (London: Routledge, 2009, S. 167 und S. 17)

102 In der 2009 angenommenen ›Strategie der Nationalen Sicherheit Russlands‹ wird auch die Möglichkeit einbezogen, bewaffneten Zwang in Konflikten über Kohlenwasserstoff-Reserven anzuwenden. *Climate Change, the Arctic and Russia's National Security*, (P ravda, 25. März 2010, www english.pravda.ru)

103 Wladimir Putin hat öffentlich verkündet, dass es für Russland dringend notwendig ist seine »strategischen, ökonomischen, wissenschaftlichen und verteidigungspolitischen Interessen« in der Arktis zu sichern. *Russia Plants Flag Under N Pole*, (BBC News, 2. August 2007)

104 James R. Lee, *Climate Change and Armed Conflict: Hot and Cold Wars* (London: Routledge, 2009, S. 167 und S. 102)

105 Barry Lopez, *Arktische Träume*, (Frankfurt a.M.: Fischer, 2008)

106 Die spaltende Existenz von Nationalstaaten ist bereits jetzt ein Problem für die von Haus aus grenzüberschreitenden Sami und dies könnte sich als folgenschwer erweisen, wenn sie versuchen, sich dem Klimawandel anzupassen, ohne dass die Ausweitung der Zivilisation überhaupt einbezogen wird. Vergleiche: Erik Reinert et al, *Adapting to climate change in Sami reindeer herding: the nation-state as problem and solution*, in W Neil Adger et al, *Adapting to Climate Change: Thresholds, Values, Governance* (Cambridge: Cambridge University Press, 2009, S. 417–431). Eine gute Einführung: Hugh Beach, *The Saami of Lapland* (London: Minority Rights Group. 1988)

107 Ab welchem Punkt ein indigener Stamm aufhört zu existieren und Teil der breiteren Kultur wird, ist eine Frage, deren Antwort ich den ›Stämmen‹ selber überlasse. Dass Assimilation sehr schmerzhaft ist, kann mensch an den unglaublich hohen Selbstmordraten in vielen neu angesiedelten Communitys sehen oder etwas allgemeiner an den Selbstverletzungs- und Selbstmordraten durch das Ausbilden von Kindern zu Zahnrädern und Mikroprozessoren.

108 Survival International. *Siberian Peoples Protest Against Oil and Gas Pipelines*, 26. August 2005, (www.survivalinternational.org/news/985)

109 Geoffrey York, *Indigenous People Describe Real Perils of Global Warming*, (The Globe and Mail, 14. Dezember 2007)

110 Luke Harding, *Climate Change in Russia's Arctic Tundra*, (Guardian, 20. September 2010)

111 Das große Schmelzen des Hohen Nordens wird für die Zivilisation vermutlich Hindernisse, aber auch Brücken, schaffen. Lawrence C Smith argumentiert, dass es durch geringeren Zugang zu Winterstraßen und durch Bodenschäden durch schmelzenden Permafrost einen »geringeren Zugang auf dem Landweg und einen steigenden auf dem Seeweg geben wird. Für viele entfernte Binnenländer sehe ich die vielleicht überraschende Perspektive einer reduzierten menschlichen Präsenz und einer Rückkehr zu einem wilderen Status.« – Lawrence C. Smith, Die *Welt im Jahr 2050: Die Zukunft unserer Zivilisation* (München: DVA, 2011)

112 *Parag Khanna erläutert die Zukunft der Länder*, TED, Juli 2009 (www.ted.com)

113 Lawrence C. Smith, *Die Welt im Jahr 2050: Die Zukunft unserer Zivilisation* (München: DVA, 2011)

114 Die aufkommende Tendenz, in den Städten die Rettung der Natur zu verorten, ist millenaistischer Blödsinn, der von ähnlich dem Glauben an Emissionshandel und die Wechselbeziehungen des Industrialismus ignorierend. Ein gutes Beispiel für solch fehlerhaftes Denken der letzten Zeit ist: Shanta Barley, *Escape to the City*, (New Scientist 6.11.2010, S. 32–34)

115 In Lagos (Nigeria) wohnen geschätzt 20 Millionen Menschen. Lagos ist eine der am schnellsten wachsenden Megastädte. Makoko, das einmal ein kleines Fischerdorf war, ist zu einem Slum mit 100.000 Bewohner*innen ,die größtenteils in Pfahlhäusern in der Lagune Lagos wohnen, geworden. Wie viele Slums wird die Gegend mehr von lokalen als von staatlichen Gangs regiert.

116 Mike Davis, *Dead Cities and Other Tales*
(New York: The New Press, 2002, S. 363)

117 United Nations Human Settlements Programs, *State of the World's Cities 2008/2009* (London: Earthscan, 2008) zitiert nach Lawrence C. Smith, *Die Welt im Jahr 2050: Die Zukunft unserer Zivilisation* (München: DVA, 2011, S. 32 der englischen Ausgabe)

118 Einwohner*innenzahlen von den staatlichen Erfassungen entnommen: Bristol: 443.100 (UK, 2001), Bratislava: 429.00 (Slowakei, 2006), Oakland: 446.901 (USA, 2010)

119 Hans Rosling präsentiert die besten Statistiken, die Sie jemals gesehen haben
, TED, Februar 2006 (https://www.ted.com/talks/hans_rosling_shows_the_best_stats_you_ve_ever_seen/transcript?language=de)

120 Christine McMurray and Roy Smith, *Diseases of Globalization: Socioeconomic Transitions and Health* (London: Earthscan, 2001)

121 1.2 Millionen und 1.27 Millionen im Jahr 2002. Tim Halliday and Basiro Davey,
Water and Health in an Overcrowded World
(Oxford: Oxford University Press, 2007, S. 39)

122 Als ob ›wir‹ ›fertig‹ wären...

123 Lawrence C. Smith, *Die Welt im Jahr 2050: Die Zukunft unserer Zivilisation* (München: DVA, 2011, S. 35 der englischen Ausgabe)

124 »Aber die Länder der untersten Milliarde werden lange warten müssen, bis der Lohnunterschied zu Asien so groß geworden ist wie der zwischen Asien und der reichen Welt zu Beginn der achtziger Jahre. Das heißt nicht, dass die Entwicklung der untersten Milliarde unmöglich ist. Sie wird nur zusätzlich erschwert. Dieselben Automatismen nämlich, die die Entwicklung Asiens beflügelt haben, werden die Entwicklung der untersten Milliarde behindern.« Paul Collier, *Die unterste Milliarde. Warum die ärmsten Länder scheitern und was man dagegen tun kann* (München: Beck, 2008, S. 115) Ob mensch nun die oben beschriebenen Prozesse als ›Automatismus‹ oder als einen Ausdruck der Klasseninteressen (oder von beidem) ansieht, der grundlegende Ton von Colliers Schlussfolgerungen ist überzeugend.

125 Vergleiche Kapitel 3 (Wüstenstürme) und Kapitel 4
(Afrikanische Wege zur Anarchie)

126 Paul Collier, *Die unterste Milliarde. Warum die ärmsten Länder scheitern und was man dagegen tun kann.* (München: Beck, 2008, Seite 17)

127 *Global Trends 2025: A Transformed World* (Washington: US National Intelligence Council, 2008, S. 99), zitiert nach Lawrence C. Smith, *Die Welt im Jahr 2050: Die Zukunft unserer Zivilisation* (München: DVA, 2011, S. 43 der englischen Ausgabe)

128 Robert Neuwirth, *Shadow Cities: A Billion Squatters, a New Urban World.* (London: Routledge, 2004)

129 Statistik der UN, zitiert nach Mike Davis, *Planet der Slums* (Berlin: Assoziation A, 2007)

130 Mike Davis, *Planet der Slums* (Berlin: Assoziation A, 2007, S. 46)

131 Robert Neuwirth, *Shadow Cities: A Billion Squatters, a New Urban World.* (London: Routledge, 2004)

132 Leopold Roc, *Industrial Domestication: Industry as the Origins of Modern Domination.* Anarchist Library (www.theanarchistlibrary.org)

133 Murray Bookchin zitiert aus einer Präsentation über historische und gegenwärtige Klassen im Übergang in: *Down with Empire, Up with Spring!* (Te Whanganui a Tara/Wellington: Rebel Press, 2006, S. 150)

134 Patrick Chamoiseau, zitiert nach Mike Davis, *Planet der Slums* (Berlin: Assoziation A, 2007, S. 183)

135 Camilla Toulmin, *Climate Change in Africa.* (London: International African Institute and Zed Books, 2009, S. 70–118)

136 »Die Gottesidee enthält die Abdankung der menschlichen Vernunft und Gerechtigkeit in sich, sie ist die entschiedenste Verneinung der menschlichen Freiheit und führt notwendigerweise zur Versklavung der Menschen in Theorie und Praxis. […] Wenn Gott wirklich existierte, müßte man ihn beseitigen.« – Michael Bakunin, *Gott und der Staat* (https://www.anarchismus.at/anarchistische-klassiker/michail-bakunin/7-bakunin-gott-und-der-staat). Außerdem: Richard Dawkins, *Der Gotteswahn* (Berlin: Ullstein, 2016)

137 Es wäre viel zu vereinfachend, das alles auf den Industrialismus zu schieben, es lassen sich aber klare Zusammenhänge erkennen – ein Beispiel ist der Zusammenhang zwischen der Ausbreitung der ›grünen Revolution‹ und dem Entstehen von fundamentalistischen Bewegungen in Indien, der von Vandana Shiva dargestellt wurde. Wenn uns der vom Coltan angeheizte Krieg im Kongo und die anschließende Verbreitung von nativen und pfingstlerischen Kulten, deren Problemlösung darauf abzielte, Zehntausende ›Kinderhexen‹ zu verbannen, etwas gezeigt hat, dann, auf welch gruselige Weise die Moderne und das Magische zusammenkommen können.

138 Der Sklave Francois Makandal hatte im quälenden Todeskampf, nachdem er einen Arm in einer Zuckermühle verloren hatte, eine millenaristische Vision von glorreichen freien, schwarzen Städten Haitis. »Direkt nach seiner Verstümmelung übernahm Makandal die Rolle eines Propheten und gelangte zu einer ansehnlichen Zahl Anhänger*innen im nördlichen Limbe. 1740 floh er in die Maroons und nutzte ihr geheimes Netzwerk zum Aufbau einer einige Tausend Personen zählenden Streitkraft, die über ganz Haiti verteilt war. Sie infiltrierten jedes Haus und jede Plantage und vergifteten alle, auf eine Art, die aus Westafrika überliefert war und lokal angepasst wurde. Die Herrscher der Plantagen, die von ihren Diener*innen abhängig waren, waren vollkommen hilflos, als eines Tages ihr Viehbestand starb. Danach starben ihre Haustiere und schließlich sie selber und ihre Familien. 6.000 Menschen starben bevor Makandal am Ende war.« — John Connor, *Children of Guinea: Voodoo, The 1793 Haitian Revolution and After* (London: Green Anarchist Books, 2003)

139 Geoffrey Demarest (US Army Foreign Military Studies Office, Fort Leavenworth), *Geopolitics and Urban Armed Conflict in Latin America*, in, *Small Wars and Insurgencies,* Vol.6, No.l (London: Routledge, 1995). Der Text ist etwas veraltet (Faxmaschinen werden als Netzwerkbedrohungen angesehen!), er ist aber definitiv lesenswert, nicht zuletzt, da er gut darstellt, wie sich die Gedanken über aufständische Möglichkeiten im Kreis drehen. Ich habe es gelesen, als Mike Davis (der revolutionärer Sozialist ist) sich in seinem 2006 erschienen Buch *Planet der Slums* auf die Studie bezog – es ist aber bemerkenswert, dass sich ein großer Teil der Thesen der Studie auf Davis früheres Buch *City of Quarz* bezog (das ebenfalls zitiert wird).

140 Charles Onyango-Obbo, *Kibera. It's rich city folks who need slums most*, Daily Nation, op/ed 8. Juli 2009

141 Geoffrey Demarest (US Army Foreign Military Studies Office, Fort Leavenworth), *Geopolitics and Urban Armed Conflict in Latin America*, in, *Small Wars and Insurgencies,* Vol.6, No.l (London: Routledge, 1995)

142 Jason Adams, *Non-Western Anarchisms: Rethinking the Global Context* (Johannesburg: Zabalaza Books, 2003)

143 Richard Mabey, *Weeds: How Vagabond Plants Gatecrashed Civilisation and Changed the Way We Think About Nature* (London: Profile Books, 2010, S. 21)

144 Gerard Manley Hopkins, *Inversnaid*, in, *Poems and Prose* (London. Penguin Classic, 2008, S. 50)

145 Wie so häufig, wenn es um das Thema Klimawandel geht, reicht die Bandbreite der Prognosen darüber, was die zukünftige Erwärmung der Erde für den Regenwald bedeutet, von positiv bis hin zu apokalyptisch. Einen guten Überblick gibt der exzellente Artikel: Simon L. Lewis, *Tropical forests and the changing earth system*, in, *Philosophical Transaction of the Royal Society B* (2006) 361, S. 195–210.

146 Garry Peterson, *Ecological limits of adaptation to climate change*, in, W. Neil Adger et al *Adapting to Climate Change: Thresholds, Values, Governance* (Cambridge: Cambridge University Press, 2009, S. 31)

147 T. E. Lovejoy, *Conservation with a Changing Climate*, in, *Climate Change and Biodiversity* (New Haven: Yale University Press: 2006, S. 325–326)

148 Wir können uns im Speziellen die großen Reservoire der Diversität, die Regenwälder, anschauen. »Vorhersagen für 2050 gehen von einem Aussterben von 10% aller Spezies (d.h. auch Spezies, die dann zum Aussterben verurteilt sein werden) im tropischen Regenwald alleine durch den Verlust der Lebensräume aus. Wenn allerdings eine mittelmäßige Vorhersage des Klimawandels einbezogen wird, wird von 24% ausgegangen.« – *Biodiversity in a changing world*, in, Jaboury Ghazoul and Douglas Sheil eds., *Tropical Rain Forest Ecology, Diversity, and Conservation* (Oxford: Oxford University Press, 2010, S. 356). Pessimistischere Emissionsvorhersagen treiben die Zahl auf horrende 37% in einigen Modellen hoch. Laurence C. Smith, *The World in 2050: Four Forces Shaping Civilization's Northern Future* (New York: Penguin, 2010, S. 138)

149 *Greenhouse Gas Levels and Biodiversity*, in, Thomas E. Lovejoy und Lee Hannah (Hg.), *Climate Change and Biodiversity* (New Haven: Yale University Press: 2006, S. 395)

150 Stephen M. Meyer, *The End of the Wild* (Cambridge: Massachusetts Institute of Technology Press, 2006, S. 4)

151 Stephen M. Meyer, *The End of the Wild* (Cambridge: Massachusetts Institute of Technology Press, 2006, S. 9–14)

152 Stephen M. Meyer, *The End of the Wild* (Cambridge: Massachusetts Institute of Technology Press, 2006, S. 16)

153 »Schutzgebiete sind die wichtigste und effektivste aktuelle Maßnahme im Naturschutz [...] Es gibt gute Gründe anzunehmen, dass sie auch in Naturschutzstrategien, die an den Klimawandel angepasst werden, eine zentrale Rolle spielen werden. [...] Geschütze Gebiete weiten sich aus, während die letzten unberührten Lebensräume immer weniger werden. Wenn die Folgen des Klimawandels deutlich werden, werden Schutzgebiete vielleicht die letzten natürlichen Gebiete des Planeten darstellen. Schutzgebiete bieten die am wenigsten berührten natürlichen Lebensräume und sind daher der größte Hoffnungsträger für natürliche Antworten (zum Beispiel durch ›Range Shifts‹) auf den Klimawandel. Folglich werden Schutzgebiete auch in Zukunft eine dominante Rolle im Schutz der Biodiversität einnehmen.« – Thomas E. Lovejoy und Lee Hannah (Hg.) , *Climate Change and Biodiversity* (New Haven: Yale University Press: 2006, S. 363)

154 Stephen M. Meyer, *The End of the Wild* (Cambridge: Massachusetts Institute of Technology Press, 2006, S. 49)

155 Mike Davis, *Planet der Slums* (Berlin: Assoziation A, 2007, S. 143)

156 Eine aufschlussreiche, anthropologische Kritik an Naturschutz-als-Entwicklung-Projekten: Paige West, *Conservation is Our Government Now: The Politics of Ecology in Papua New Guinea* (Durham: Duke University Press 2006)

157 Eine gute (wenn auch anthropozentrische) Darstellung des staatlichen Engagements von Naturschutzorganisationen und den daraus resultierenden Zusammenstößen mit indigenen Gemeinschaften, besonders durch die Erschaffung von Nationalparks, kann mensch hier finden: Marcus Colchester, *Salvaging Nature: Indigenous Peoples, Protected Areas and Biodiversity Conservation* (Genua: United Nations Research Institute for Social Development with World Rainforest Movement, 1994)

158 Lee Hannah and Rod Salm, *Protected Areas Management in a Changing Climate*, in, Thomas E. Lovejoy und Lee Hannah (Hg.), *Climate Change and Biodiversity* (New Haven: Yale University Press: 2006, S. 370)

159 Damit soll nicht gesagt werden, dass das alles Sinn ergibt. Vieles im Naturschutz des UK ist schlicht Ballast von vorhergegangenen Naturschutz-Konzepten oder ist fokussiert auf spezifische Favoriten (zum Beispiel auf Waldblumen) und daher nicht orientiert an dem ganzen Ökosystem. Eine alte, aber leider immer noch aktuelle Kritik: Clive Hambler und Martin R Speight, *Biodiversity Conservation in Britain: Science Replacing Tradition*, in, *British Wildlife, 6* (3) S. 137–148.

160 *Global Greenhouse Gas Levels and Biodiversity*, in, Thomas E. Lovejoy und Lee Hannah (Hg.), *Climate Change and Biodiversity* (New Haven: Yale University Press: 2006, S. 390)

161 Dave Foremen in dem Film, *Earth First: The Politics of Radical Environmentalism*, von Christopher Manes, 1987.

162 Wie von vielen diskutiert wurde, gibt es eine dringende Notwendigkeit, sowohl die Hotspots der Biodiversität (34 Regionen mit hoher biologischer Diversität, die stark bedroht sind) als auch die letzten großen tropischen, wilden Regionen (Amazonas Region, Neu Guinea, Kongo) und auch das Meer ökologisch zu verteidigen. Die aktuelle Krise und die vermutlich kommenden massiven Veränderungen im Klima könnten nun den Einwurf verstärken, dass es notwendig ist, sich auf einen ›langen Krieg‹ rund um die letzten großen Gebiete der Wildnis einzustellen, aber vermutlich ist es noch zu früh, alle Hotspots auf einmal aufzugeben. Ebenso ist es sehr wahrscheinlich, dass, wenn das Erdsystem erst einmal in einen heißeren Zustand eingetreten ist, die Strategie des ›langen Krieges‹ ebenfalls nicht mehr zur Debatte stehen kann. Humpf. Eine Kritik an der Idee der Hotspots: Peter Kereiva und Michelle Marvier, *Conserving Biodiversity Coldspots*, in, *American Scientist*, Volume 91 (2003), S. 344–351. Im Endeffekt kommt mensch mit der Zahlenauswertung nicht so weit; ganz abgesehen von der globalen ›Wichtigkeit‹ eines Ökosystems, ist es unser Wunsch, es zu verteidigen und ein Teil davon zu sein, egal ob das nun der Regenwald auf der anderen Seite des Planeten oder das verwildernde Baugelände am Ende der Straße ist.

163 *Requiem or revival*, in, Jaboury Ghazoul und Douglas Sheil (Hg,), *Tropical Rain Forest Ecology, Diversity, and Conservation* (Oxford: Oxford University Press, 2010, S. 400)

164 Sea Shepherd Conservation Society — www.seashepherd.org/galapagos/

165 The Thin Green Line Foundation

166 Mehr Infos über den Fall Zapatos kann mensch bei Solidarity South Pacific finden — www.eco-action.org/ssp/prisoners.html Ein großartiger, informativer und erfrischender Bericht der erwähnten Solidaritäts-Reise, der ebenfalls einen guten Überblick über ökologische und indigene Kämpfe auf den Philippinen liefert: *From Mactan to the MiningAct: Everyday stories of devastation and resistance among the indigenous people of the Philippines* (Leeds: Repressed Distro, 2003).

167 Damit soll nicht gesagt werden, dass es keine indigenen Gemeinschaften geben würde. Vielmehr soll damit darauf hingewiesen werden, dass viele die so gelabelt werden oder sich selber diesen ›Status‹ geben eher Maroon-Gemeinschaften sind, die in geschützte Gebiete geflohen sind, um sich dem Zugriff der Zivilisation zu entziehen. Vergleiche: James C. Scott, *The Art of Not Being Governed: An Anarchist History of Upland South-East Asia* (New Haven: Yale University Press, 2009)

168 Thomas E. Lovejoy, *Conservation with a Changing Climate*, in, Thomas E. Lovejoy und Lee Hannah (Hg.), *Climate Change and Biodiversity* (New Haven: Yale University Press: 2006, S. 326)

169 Eine gute Einführung in die Idee von re-wilding als Naturschutz – Dave Foreman, *Rewilding North America: A Vision for Conservation in the 21st Century* (Washington: Island Press, 2004) Re-wilding ist dabei schon fast zu einem Schlagwort geworden, das nicht nur neue Naturschutzprojekte beschreibt, sondern auch dazu dient, Projekte mit einem weniger ›berechtigtem Anspruch‹ sexier zu machen. So oder so, hier eine einfach zugängliche, wenn auch propagandistische, Einführung in gegenwärtige weltweite Projekte: Caroline Fraser, *Rewilding the World: Dispatches from the Conservation Revolution* (New York: Henry Holt, 2010).

170 Einige Gedanken aus radikal-ökologischer Perspektive über Wiederherstellungsprojekte: *Take a Sad Song and Make it Better?: Ecological Restoration in the UIC*, in, *Do or Die*, No. 8, 1998, S. 159–173.

171 James Lovelock, *The Vanishing Face of Gaia: A Final Warning* (London: Penguin, 2009).

172 Mary Mycio, *Wormwood Forest: A Natural History of Chernobyl* (Washington: Joseph Henry Press, 2005, S. 6). Einige Elemente innerhalb des ukrainischen Staates fordern momentan (2010), einen großen Teil des zurückgelassenen Landes wieder für Landwirtschaft zu nutzen.

173 *Down with Empire, Up with Spring!* (Te Whanganui-a-Tara / Wellington: Rebel Press, 2006, S. 159)

174 James Lovelock, Gaias Rache (Berlin: Ullstein, 2008). Einige fragten sich, ob er das ernsthaft glaubt oder durch Übertreibung Aufmerksamkeit erregen oder zu Aktionen ermutigen will. Ich habe ihn das persönlich gefragt und er sagte, dass er ernsthaft glaubt, dass das vermutlich der Fall sein wird.

175 Einige Modelle sagen zum Beispiel voraus, dass: »die trockenen Bedingungen der US-amerikanischen Dürregebiete ernsthaft zu dem neuen Klima der Region [Südwest-USA] werden könnten«. – Laurence C. Smith, *The World in 2050: Four Forces Shaping Civilization's Northern Future* (New York: Penguin, 2010, S. 108)

176 »Der Klimakrieg könnte nahezu alle von uns töten und die wenigen Überlebenden dazu verdammen, eine Steinzeit-Existenz zu leben. An einigen Orten der Welt, inklusive dem UK, haben wir allerdings die Chance zu überleben und sogar gut zu Leben.« – James Lovelock, *The Vanishing Face of Gaia: A Final Warning* (London: Penguin, 2009, S. 22). Einen interessanten Blick auf eine mögliche Zukunft der britischen Inseln: Marek Kohn, *Turned Out Nice: How the British Isles will Change as the World Heats Up* (London: Faber & Faber, 2010)

177 »Sozialer Krieg: Die Schilderung des ›Klassenkampfes‹, die entwickelt wurde, um über den Klassenbegriff hinauszugehen und die Komplexität und Multiplizität [...] des Konfliktes, der in allen hierarchischen sozialen Beziehungen steckt, zu beschreiben.« – Liam Sionnach, *Earth First Means Social War: Becoming an Anti-Capitalist Ecological Social Force*, in, *Earth First! Journal*, Lughnasadh 2008, Vol. 28, No. 5.

178 Europol, Terrorist Activity in the European Union: Situations and Trends Report (Europol: Den Haag, 2003)

179 Zig Zag, *Kolonisierung & Dekolonisierung. Ein Handbuch für indigene Befreiung im 21. Jahrhundert* (Warrior Publications 2006 – übersetzt 2010 von translationcollective.wordpress.com, PDF, S. 38)

180 John Beddington, zitiert nach, *World faces ›Perfect storm‹ of problems by 2030, chief scientist to warn*, The Guardian, 18.3.2009.

181 »Die Einwanderungskontrolle im Vereinigten Königreich war tatsächlich ein ›Erfolg‹(sic) großer Mobilisierungen der Linken gegen jüdische Geflüchtete. Bemerkenswert ist, dass die einzige Gruppe der Linken, die dagegen agitierte, diejenige war, die sowieso gegen Grenzen an sich ist – die Anarchist*innen. – Steve Cohen, *That's Funny, You Don't Look Anti-Semitic: Anti-racist Analysis of Left Anti-Semitism* (London: Beyond the Pale Press, 1984)

182 James Lovelock, *Climate Change on the Living Earth,* The Royal Society, 29. Oktober 2007

183 *Poor in UK dying 10 years earlier than the rich, despite years of government action*, Guardian, 2.7.2010

184 Richard Wilkinson, *Mind the Gap: Hierarchies, Health and Human Evolution* (London: Weidenfeld & Nicholson, 2000).

185 James Phillips, *Trauma, Repair and Recovery* (Oxford: Oxford University Press, 2008, S. 5)

186 Die Statistik beinhaltet eine Aufteilung der Daten in sowohl Krebserkrankungen als auch in Unfälle. – Clare Griffiths et al., *Leading causes of death in England and Wales — How should we group causes?* (London: National Office of Statistics, 2005, S. 11)

187 Raoul Vaneigem, *The Revolution of Everyday Life* (London: Rebel Press, 1983)

188 »Die Polizei des Vereinigten Königreiches plant die Verwendung von unbemannten Spionage Drohnen, deren Einsatz in Afghanistan kontrovers diskutiert wird, zur ›Routine‹-Überwachung von Rasern, Demonstranten, Landdieben und gegen illegale Müllentsorgung. [...] Zuvor hatte die Polizei von Kent verkündet, dass das Drohnen-Programm dazu bestimmt ist, den Ärmelkanal zu überwachen, Ladungen zu überprüfen und über Frankreich kommende Migranten zu entdecken. Wie auch immer suggerieren die Dokumente, dass dies, zumindest teilweise, lediglich eine Öffentlichkeitskampagne war, um eventuelle Sorgen hinsichtlich der Bürgerrechte zu minimieren. ›Es gibt eine Chance, dass dieser [maritime] Nutzen in der Öffentlichkeit eher als *Gute Nachrichten* und weniger als *mehr Big Brother* wahrgenommen wird.‹« Dies steht in einem Protokoll der ersten Treffen 2007. – *CCTV in the Sky: police plan to use military-style spy drones*, Guardian, 23.1.2010. Kürzlich hat die *Association of Chief Police Officers* (ACPO) bekannt gegeben, dass bereits drei Einheiten Drohnen nutzen und dass ein nationales Programm ausgeschrieben wird. – *Unmanned drones may be used in police surveillance*, Guardian, 24.9.2010

189 Development, Concepts and Doctrine Centre, *Global Strategic Trends Programme 2007–2036* (London: Ministry of Defence, 2006). *A source document for the development of UK defence policy* zitiert nach, Gwynne Dyer, *Climate Wars* (Toronto: Random House, 2009, S. 5)

190 *Rural idyll or terrorist hub?*, Guardian, 3.1.2009

191 *Silence and Beyond*, in, *Tiqqun 1*, (Paris: Tiqqun,1999)

192 Vergleiche: Paul Avrich, *Anarchist Voices* (Oakland: AK Press, 2005); Aufruf (http://www.abc-berlin.net/download); Colin Ward, *Anarchismus in Aktion* (Bremen, Verlag Impuls, 1978); *Growing Counter Cultures*, in, *Down with Empire, Up with Spring!* (Te Whanganui a Tara/Wellington: Rebel Press, 2006, S. 61–79); CrimethInc, *Dropping Out. Eine revolutionäre Verteidigung von Verweigerung, Aussenseitertum und Subkultur* (Flensburg: Black Mosquito, 2014)

193 Zitiert nach: https://www.anarchismus.at/anarchistische-klassiker/gustav-landauer (Stand 04.06.2016)

194 *Down with Empire, Up with Spring!*
(Te Whanganui a Tara/Wellingtcn: Rebel Press, 2006, S. 77)

195 Um einmal Murray Bookchins Begriff zu verwenden, den er für die Welten der spanischen Anarchist*innen vor der faschistischen Konterrevolution verwendete. Vergleiche: Murray Bookchin, *The Spanish Anarchists: The Heroic Years 1868–1936*. Edinburgh: AK Press, 1988)

196 Colin Ward, *Anarchismus in Aktion* (Bremen: Verlag Impuls, 1978)

197 Ward Churchill, *Pacifism as Pathology* (Winnipeg: Arbeiter Ring, 1998, S. 70–74)

198 Um James Scott Ausdruck in einem anderen Kontext zu nutzen. James Scott, *Weapon is of the Weak: Everyday Forms of Peasant Resistance* (New Haven: Yale University Press, 1987)

199 Im Gegenteil, wie es der französische Anarchist Pierre Chardon darstellt: »Anarchistische Aktion – geduldig, versteckt, hartnäckig, Individuen einbeziehend, die die Institutionen zerfressen wie Würmer Früchte, die majestätische Bäume unterhöhlen wie Termiten – führen nicht automatisch zu den theatralischen Effekten, wie die derjenigen, die Aufmerksamkeit auf sich lenken wollen.« – zitiert nach David Berry, *A History of the French Anarchist Movement: 1917–1945* (Oakland: AK Press, 2009, S. 42)

200 Übrigens ist die Theorie und Praxis des 4GW stark entwickelt und dies während neu gebildete Guerillas und der Kampf im Internet eine größere Bedeutung auf dem Papier und vor Ort bedeutet. Allein deshalb ist das Buch lesenswert. Colonel Thomas X. Hammes (USMC), *The Sling & The Stone: On War in the 21st Century* (St.Paul: Zenith Press, 2004) Die ALF taucht lächerlicherweise als eine mögliche militärische 4GW Aktion der Chinesen gegen die Amerikanische Viehwirtschaft auf. S. 259

201 »Um ein*e Feminist*in zu sein, muss mensch erst einmal eine werden [...] Feminist*innen sind sich nicht anderer Dinge bewusst als andere Leute, sie sind sich nur derselben Dinge auf eine andere Art bewusst. Feministisches Bewusstsein, und das mag gewagt sein, macht aus einem ›Fakt‹ einen ›Widerspruch‹.« – Sandra Lee Bartky, zitiert nach: Carol J Adams, *The Sexual Politics of Meat: A Feminist-Vegetarian Critical Theory* (New York: Continuum, 1991, S. 184). Zwar artikulieren viele ihren Anarchismus durch das geschriebene Wort, doch es ist , zumindest meiner Erfahrung nach, selten, dass sie sich aufgrund dessen dazu entscheiden, Anarchist*innen zu werden. Viel mehr als die stärkste ›Propaganda‹, die es besiegelt, zählen die gemachten Erfahrungen, entweder durch die Beteiligung an widerständigen Aktionen oder durch das Kennenlernen der Liebe und gelebten Ethik innerhalb anarchistischer Communitys.

202 Ein polnischer Aristokrat, zitiert nach: Jean Jacques Rousseau, *The Social Contract* (Cosimo Inc: New York, 2008, S. 70)

203 Kenneth Rexroth, *Radical Movements on the Defensive,* San Francisco Magazine, Juli 1969

204 CrimethInc., *Du willst als einen Aufstand?* in *Message in A Bottle* (Münster, Unrast, 2012, S. 222)

205 Blackbird Raum, *Valkyrie Horsewhip Reel* auf dem Album *Swidden* (Santa Cruz: Black Powder Records)

FINDUS | L. KERKELING
Kleine Geschichte des Zapatismus
Ein schwarz-roter Leitfaden
UNRAST